教育學

是什麼

What Is Pedagogy?

鈕則誠◎著

自　序

　　《教育學是什麼》一書的撰寫，是我做爲一名哲學學者，對於教育學的自學方案第二份成果報告。二○○一年秋天，我初次踏入教育學的領域，在教育研究所講授教育哲學，爲求系統整理自己的思維，三年後乃有《教育哲學——華人應用哲學取向》一書問世。然而教育哲學終究只是教育學的一環，我希望見樹也見林，同時知其然亦知其所以然，因此發心對教育學進行全面的瞭解，並嘗試見諸於文字，此即本書的緣起。投身教育工作二十餘年，我很慶幸此番有機會檢視自己所從事的事業。感謝威仕曼文化總經理葉忠賢先生、總編輯閻富萍小姐的抬愛，使我得以用心反思教育學是什麼。也謝謝副主編晏華璞小姐的細心編輯，以及銘傳大學教育研究所二○○三及二○○四級碩士生協助文書處理，讓我得以順利「我手寫我心」。

鈕則誠

2005年9月15日

目　錄

目　　錄

導　言

　　我是一個哲學學者，涉足哲學三十年後，於2001年進入教育系所服務，擔任「教育哲學」一科的講授，得以有機會站在哲學立場同教育學對話。在西方學術傳統內，哲學已有兩千六百多年歷史，教育學則差不多剛好滿兩百歲。一般多以古希臘哲學家泰利斯（Thales, 624-546 B.C.）出生爲西方哲學的開端，而以德國哲學家赫爾巴特（Johann Friedrich Herbart, 1776-1841）於1806年出版《普通教育學》（*General Pedagogy*）一書爲現代教育學的創始。教育學在今日被歸爲一門應用社會科學學科，而許多社會科學及自然科學學科，都是在十七世紀「科學革命」（Scientific Revolution）發生之後，陸續自哲學中分化而生成。天文學、物理學、化學、生物學；心理學、社會學、政治學、經濟學等，都是明顯例證，教育學也在其中。

　　哲學在西方原本是一門無所不包的學問，這也是爲什麼如今最高學位仍稱爲「哲學博士」（Doctor of Philosophy; Ph. D.）的原因。大學體制最早出現於中世紀，傳統的大學頒授哲學、法學、醫學、神學等四種博士學位，其中又以哲學博士爲學術研究的代表。此一榮銜沿用至今，雖然知識分化下的哲學僅爲眾多學科之一，但仍可看出哲學不朽的歷史地位。西方文明推

崇「理性」（ratio）、強調「眞知」（epistēmē），學問知識本身既是手段也是目的，不似今天有許多講究實用的知識。不過即使是實用知識，在立竿見影的效果之內，倘若能夠納入一些潛移默化的功能，不啻發揮出更多的附加價值。在我看來，教育學便是一門這類的實用學問；它希望改善教學效果、提升教育品質，並且懷抱著人文化成的崇高理想。

　　「教育學」顧名思義是探究「教育」的學問，而教育既是作育英才的理念，也是躬行實踐的活動。在「教育學之父」赫爾巴特看來，倫理學爲教育理念賦與目的，心理學則爲教育活動提供方法。必須說明的是，十九世紀初期，倫理學和心理學皆屬於哲學的分支，而赫爾巴特則是當時公認的哲學家。只是此時學術界受到科學革命不斷衝擊，一些哲學分支學科醞釀要獨立，例如心理學；也有一些學科是哲學家受到科學的啓蒙而創立，例如教育學和社會學。倒是倫理學仍然緊守著哲學的陣營，在二十世紀後期以「應用倫理學」異軍突起之勢，爲古老的愛智學問開創了「應用哲學」新局。本書便是我採用「華人應用哲學」的觀點，爲廣大華人社會讀者所撰寫的一部教育學入門書籍。

　　我的學問專門領域是科學哲學及應用哲學，以此視角去看待教育學，可以形成兩種互補的立場：一是從事科學哲學式的「後設研究」（meta-study），即「後設教育學」或「元教育學」；二是建構應用哲學式的「局部知識」（local knowledge），即「華人教育學」。教育學列入科學學科並源自西方雖無疑義，但是對其進行後設考察且加以本土化也有一定的正當性；本書即爲通過「後設教育學」批判以提倡建構「華人教育學」的努力。全書共分爲三篇十二章，前兩篇〈教育學有什麼〉、〈教育

學爲什麼〉主要屬於「後設教育學」的探討，第三篇〈教育學
做什麼〉主要在提倡「華人教育學」的建構。教育實踐不能無
視於本土民族文化和歷史社會脈絡，這正是「華人教育學」的
基本考量。

第一篇

教育學有什麼

WHAT IS PEDAGOGY?

1. 教育史

1.1. 問　題

　　教育學擁有四門基本分支學科：**教育史、教育哲學、教育心理學、教育社會學**，以及四門應用分支學科：**課程論、教學論、師資培育、教育管理**。其中哲學和心理學不但組成教育學的基本學科，更是其基礎學科；因為根據赫爾巴特的構想，教育學正是站在哲學與心理學的基礎上發展而成。如今哲學和心理學分屬人文學及社會科學學科，因此教育學可說兼具「人文」與「科學」兩種屬性。尤其再加上關注於教育實踐歷史社會脈絡的史學和社會學觀點，更豐富了教育學「人文與科學對話」的特質。在教育學的四門基本分支學科中，教育史與教育哲學可視為人文學科，而教育心理學與教育社會學則歸入社會科學學科。人文學與社會科學在研究方法上原本有所出入，但是近年由於「質性研究方法」的流行，大幅拉近了彼此的距離。

　　人類知識發展至今，已經衍生出許多具有實務操作面向的學科，最富代表性的便是教育學和管理學。由於這類具有實務面向的學科以一些基本學科為基礎，因此可視為中游學科，而以基本學科為上游學科。一般人多把教育學和管理學當做應用社會科學學科，且以其操作性強、就業力高，已形成頗受歡迎的專業學位，例如「教育學碩士」（Ed. M.）和「管理學碩士」（M.B.A.）等。但是這些學科的科學屬性是否嚴謹，大多數人並不在意，只有哲學學者有興趣一探究竟。對科學學科進行後設研究的哲學分支乃是「科學哲學」，它和「科學史」及「科學社會學」共同組成一門新興的交叉學科——「科學學」（science studies）。大家也許會發現，科學學和教育學的基本學科有所重疊，也就是史學、哲學和社會學三科。本篇即是從這種重疊的意義上來討論「教育學有什麼」。

教育史記錄著教育實踐的發展軌跡，在華人世界裏，最大範圍的中國教育史和西方教育史，是教育史的基本內容；而在地的課題，例如臺灣教育史、香港教育史等，也有一定的時空意義。源自西方的教育學雖然只有短短兩百年歷史，但是人類的教育實踐卻持續了兩千年以上。「至聖先師」孔子（551-479 B. C.）自不待言，再加上先後創立「學園」（Academy）及「學苑」（Lyceum）的柏拉圖（Plato, 427-347 B. C.）與亞里斯多德（Aristotle, 384-322 B. C.）師徒二人，這些都是人類文明史上不朽的哲學家和教育家。教育學是對教育實踐的理念反思與知識建構，屬於對教育的一階後設探究，而二階後設探究的對象乃是教育學本身。由此可見，「教育史」可以再細分為有關教育實踐的歷史——「教育史學」，以及有關教育知識發展的歷史——「教育學史學」，本章將對此二者分別加以闡述。

歷史有「外在史」和「內在史」之分，亦即「制度史」與「思想史」之別；二者可以分別探討，但是放在一起看，卻能收相輔相成之效。以中國教育史為例，西周時期的教育主張是「制禮作樂」，禮著眼於外在表現，樂作用於內在修養，使人得以外表恭敬而內心溫文。而古代最早的學校制度雛形謂之「成均」，這原本是指部落社會的廣場，可做為氏族成員聚會場所，包括教化活動在內。「成均」之學的內容即為樂教，目的是人格養成。此一傳統後來被儒家發揚光大，以至今日崇尚儒家的韓國仍設有「成均館大學」，象徵著維繫傳統於不墜。孔子以前教育屬於貴族化的官學，而孔子所身處的東周春秋時代官學沒

落，私人講學之風開始興起，此後諸子百家各領風騷，直到漢代獨尊儒術為止。至隋唐以科舉取士，「學而優則仕」的學問途徑，便一直延續至二十世紀。

西方教育史的源頭在於古希臘，「希臘三哲」蘇格拉底（Socrates, 469-399 B. C.）、柏拉圖、亞里斯多德所生活的雅典城邦社會，先後出現了三種學校：體操學校、音樂學校，以及文字學校，這些都是為奴隸階層以外人民，提供身心和諧發展的教育場所。至於柏拉圖所創立的學園，更是後世高等教育的嚆矢。此後的希臘化及羅馬時期，西方教育體制漸趨完善，相當於今日小學、中學和大學的文字學校、文法學校和高等學校皆已出現。但是普及化的全民教育，則必須等到十六世紀宗教改革以後才有可能。宗教改革的成效之一，即是教育權由教會轉移至政府之手。十八世紀民族國家陸續形成，更積極推動教育公共化，國家教育制度正式確立。受到啓蒙運動影響，美國成為最早建立單軌公共學校制度的國家。如今全球各國大多遵循這套體制來興辦教育。

以上簡略描述中國和西方教育的發展軌跡，可以發現探討中國傳統教育的顯著問題是「為學致仕」和「儒學當道」，西方的問題則為「教育普及」和「崇尚理性」。崇尚理性的精神可上溯至蘇格拉底的「知德合一」觀點，雖然西方歷經千年的基督宗教信仰掛帥，但是文藝復興以後的理性再興，至啓蒙運動達於顛峰，反思教育實踐的教育學於焉誕生。教育史屬於教育學的一環，是對教育實踐發展歷程的考察；教育學史則反映科學學的視角，將教育學當做一門科學學科加以探究。就教育學史而言，有意義的問題例如：「為什麼教育學的基本學科要包括史學、哲學、心理學、社會學等四科？」「課程論與教學論如何

發展成爲教育學的核心課題？」「教育學究竟要維持爲一門獨立學科，還是轉型爲一套學科群組？」研讀教育史可以讓我們鑑往知來，反思教育學史則能夠促進知識的推陳出新。

1.2. 觀　點

　　本書的寫作有其根本觀點與立場，亦即「華人應用哲學」，其哲學內涵爲「中國人文自然主義」，希望在當前華人社會提倡「儒陽道陰、儒顯道隱、儒表道裏」的「後現代儒道家」思想，以培育「知識分子生活家」的理想人格，此種人格具有「後科學、非宗教、安生死」的特質。我嘗試在本書中提倡建構一套「華人教育學」的局部知識論述，其知識學綱領彰顯「從人生看宇宙」的儒道融通式人文自然主義，方法學綱領反映「中體外用論」的後殖民論述，研究方法綱領則體現「以敍事代論證」的後現代精神。這一系列的觀點將在以後章節中漸次疏解，在此我只希望讀者理解一點：世間不存在「沒有顏色的思想」，重點在於「主體性反思」和「開放式對話」。在尊重少數民族文化的前提下，以漢民族爲主的「中華文化主體性」，於華人社會需要被凸顯。否則教育一味追隨西化路線，就不知爲誰而教、爲何而教了。

　　教育實踐具有高度的文化性格，不似科技實踐有可能放諸四海皆準。「華人教育學」的時空脈絡，落在以漢民族爲主的中華文化氛圍中；而漢民族佔有全球五分之一人口，如此眾多的華人語境，足以形成豐富的局部知識論述。「局部知識」概念源自人類學，指的是專屬於某一特定族群的知識。「華人教

育學」是一種本土教育學論述，適用對象爲兩岸四地的華人社會。根據臺灣社會學者葉啓政的觀點，「本土化」的相對面乃是「外來化—西化—現代化—全球化」。至於「本土化」的底線則是「中國化」，其他如「臺灣化」、「香港化」的提法，皆屬於「在地化」論述。本書爲中文的教育學入門書籍，我必須先把自己的寫作立場充分表明，然後方能進一步討論。基於寫作的背景脈絡，本書將對本土化和在地化的教育課題無所偏廢。

教育史記錄下教育實踐的歷程，華人社會現今的教育體制和內容，皆屬西化的產物。西化的優點是容易與現代化接軌，順利進入全球化語境，缺點則爲不免喪失民族文化主體性，這也是爲什麼本土化的呼聲在一九八〇年代興起於港、臺兩地。八〇年代中國大陸正在進入「四個現代化」，而已經先一步走上現代化的港臺地區，卻開始感受到它的後遺症。雖然現代化的呼聲到如今依然不絕於耳，但是批判「現代性」的「後現代」論述同樣受到重視。後現代的特色在「顛覆主流、肯定多元、尊重差異」，這對全盤西化的主張相信足以振聾啓聵。後現代並非現代的對立，而是其修正與擴充，二者可以並行不悖。當前東亞大部分地區皆已通過現代化而進入後現代狀況，經由後現代視角反思與批判現代化的弊病，理當成爲建構「華人教育學」的基本考量。

我的教育理想，是在二十一世紀初的華人社會，培養秉持「後現代儒道家」思想的「知識分子生活家」。以此理想回頭檢視中國教育史，可以清楚對焦於其利弊得失。中國在西式教育開辦以前的傳統教育，其主要目的在於「養士」，亦即爲統治階層培養官僚，這種情況在長達一千三百年的「科舉取士」制度中尤其明顯。科舉取士乃是通過國家考試以選才任官，考試內

What Is Pedagogy?

容主要爲儒家經典，像唐太宗時期，「儒術精通可爲師範科」。
但是科舉制度長期存在的結果，便是考試領導教學，同時使學
校淪爲科舉的附庸。當代科舉雖廢，但是考試之風未減，以致
大陸於一九八〇年代要在中小學提倡「素質教育」，以改善「應
試教育」的弊病。不過千百年看重考試的教育政策，也非一朝
一夕得以改善，倒是教育核心價值長期圍繞著儒家思想的現象
值得再思。

　　中國傳統教育實踐因爲自古獨尊儒術的結果，長期圍繞著
儒家思想打轉，及至西化後乃出現「打倒孔家店」的呼聲。但
是站在現今看來，這實非儒學之過，而是歷代政治干預的結
果。同樣的情況也出現在西方，基督宗教定於一尊長達千年，
教育同樣要爲神學服務，但是因爲教會興辦大學，無形中奠定
了後世高等教育的基礎。西方教育史雖然不時看見宗教團體的
影響，強調神聖的教義，但是世俗的價值終於佔了上風，形成
今日教育內涵「百花齊放、百家爭鳴」的多元盛景。二戰以後
美國廣納全球人才，更吸引極多年輕人前往留學，使其教育體
制擴散至世界各地。像過去半世紀間，華人社會的臺灣、大
陸、香港等地學制，先後分別由日本、蘇聯、英國式向美國式
轉軌，便顯示出美國文化的影響無所不在，其價值觀的內涵同
樣值得深究。

　　教育史主要分爲教育制度史和教育思想史兩部分，制度史
反映出政治史的脈動，思想史則與哲學史相呼應。至於教育學
史的發展，由於涉及教育專門知識的建構，多少與教育思想史
有所重疊。做爲獨立學科意義下的教育學，一般多歸爲赫爾巴
特所創。赫爾巴特主張由倫理學決定教育目的、心理學實現教
育手段，後來被引申爲由哲學決定目的、科學實現手段。二十

世紀人們多重科學、輕哲學，美國哲學家暨教育學家杜威（John Dewey, 1859-1952）則從哲學觀點去重構科學觀，使得哲學與科學能夠在分家多年後再度結合，彼此無所偏廢。杜威的努力是短短兩百年教育學史內，承先啓後、繼往開來的重要標幟。而他做爲教育理論家的傑出貢獻，與其說是在教育實踐方面，不如說是成爲後設教育學集大成的人。

1.3. 反　思

　　研讀歷史的收穫之一是有可能鑑往知來。雖然未來並未被決定，但是人心多少可以改變或創造一些契機。重點是大家要懂得反思，對於不盡理想之處應避免重蹈覆轍。像中國傳統教育走上一考定終身的途徑，所謂「十年寒窗無人問，一舉成名天下知」，不知折煞了多少讀書人的腰桿。如今既然已經走進後現代，在尊重多元的前提下，「行行出狀元」就不應該只是一句口頭禪。環視當前，海峽兩岸不約而同推動教育改革，然而我們還是看見臺灣的學生忙升學、大陸的學生拚留學。升學主義和崇洋心理一天不減，教育本土化便無法落實生根。值得注意的是，臺灣由於留學生年年遞減，政府竟然擔心因此導致整體競爭力衰退。在一片全球化的呼聲中，兩岸至今仍深陷西潮中難以自拔，的確讓教育工作者感到無奈。

　　回顧傳統，考試掛帥和獨尊儒術正是千百年來的教育弊病，但這一切都爲了維護統治者的既得利益，儒家思想可說遭受到無妄之災。平心而論，不具有御用學說色彩的古典儒家思想，無疑充滿著知識分子擇善固執的精神，對於身處於後現代

的華人，仍然具有相當的啓蒙和激勵作用。我認爲建構「華人教育學」的第一步，正是要重新肯定古典儒家思想的意義與價值，其次再大力提倡古典道家思想，使之與儒家融匯貫通，然後直下當今形成「後現代儒道家」。儒道二家思想生成於先秦時期，是中華文化古老的智慧結晶，後世雖多有闡發，但終究無法與古聖先賢相提並論。基於「正本清源、推陳出新」的理念，我主張回到儒道二家的活水源頭上去進行探索，那便是孔、孟、荀與楊、老、莊等六子的思想。

對於中國哲學和西方哲學的比較，有人做了個很有意思的譬喻，雖不中亦不遠矣。大意是說：西方哲學沒有哲學只有哲學家，中國哲學則恰好相反，只有哲學沒有哲學家。它眞正想表達的乃是：西方哲學學者以批評其他人的哲學爲職志，誰也不服誰，因此方能卓然成家；中國學者大半宗奉儒、道二家之一，或者將之融匯貫通，但多不願標新立異。倘若此說有幾分道理，則西方哲學可謂越新越好，中國哲學當是越陳越香。我個人對這些說法有所肯定，所以推崇古典儒道六子，並嘗試在西方當代哲學中尋訪有益於教育發展的思想。西方教育思想照例要回溯至希臘三哲，他們爲西方文明開創出最具特色的貢獻，便是理性精神和批判思考。後世據此而看重邏輯推理和經驗考察，從而發展出豐富的科學知識和技術成就，致使今日教育幾乎以此爲主調。

彰顯理性使得學術研究和教育實踐得以擺脫基督宗教的影響，海闊天空地發揮所長。從文藝復興到啓蒙運動，相對於宗教信仰的人文主義得到了長足的發展，也深遠地決定了教育的發展方向。但是西方教育思想中，不但散發出人文主義的光芒，也綻放出自然主義的花朵。在西方，「人文」的概念可以

跟「自然」互補，並以「人本」同「神本」對立；在中國，「人文」則與「天文」相呼應，此外沒有需要對立的宗教系統。本書提倡源自西方的「人文自然主義」，並嘗試將之與古典儒道二家思想結合，轉化爲「中國人文自然主義」。教育的功能在於「陶冶人心、變化氣質」，這點如今不能寄望於專門教育，而應經由「通識教育」加以體現。通識教育的根源在於古希臘的「自由人教育」（liberal education），如今則爲培育「有教養的人」（an educated person），其重要性可見一斑。

歷史由人類書寫，歷史探究的目的是希望眼前的事物具有文化景深。「文化」在西方指的是「一個民族的生活方式」，在中國則反映「人文化成」的努力，亦即「制禮作樂以教化世人」。書寫歷史並非憑空想像，而是以「史觀」爲依據。史觀屬於一套歷史哲學，多少具有意識型態的性質。「意識型態」是啓蒙運動時期的概念，原本意指「觀念的學問」，馬克思以後被賦予政治意涵，通常代表一個人的政治立場。人類各民族的歷史都充滿了改朝換代的事實，歷史書寫在此難免具有政治考量，不易客觀公正。對此我的建議是：「盡量以文化關注取代政治考量。」教育史和教育學史都是一種歷史書寫，雖然政治色彩較淡，但是文化偏見仍然存在。後現代「華人教育學」的歷史反思，理當自覺地擺脫西方文化的單一視角，重新省思本土文化關注的可能性。

教育學獨立成科已歷兩百年，海峽兩岸華人社會所面對的大致上是同一套西化的教育學知識。我並無意否定這套實用知識，但是希望從其內部改造、轉化它。本書旨在說明「教育學是什麼」，不完全等於解釋「教育是什麼」；後者應由教育學來回答，前者則涉入後設教育學或元教育學的問題。本書主要是

依西方式「後設教育學」的形式，來提倡建構中國式「華人教育學」的內涵，我所採取的方法學指導綱領爲「中體外用論」。受到清末前現代「中體西用」次殖民論述的啓蒙，通過百年現代化洗禮，如今拈出後現代「中體外用」後殖民論述可謂饒富意義。這意味著中華民族文化主體性的「意識覺醒」。「主體性」概念原本屬於現代產物，西方人不再看重它無可厚非，但是在後現代華人社會依然有其堅持的必要。畢竟中華文化長期受到西方文化宰制，主體自覺是文化救亡圖存的必要途徑。

1.4. 討　論

　　教育在做些什麼？對此教育史可以帶給我們一定的認識。但是在解答「教育學是什麼」之際，重點不在於教育史說了什麼，而在於教育史怎麼說。對教育史有興趣的讀者可以直接閱讀教育史著作，我在本書中只把教育史當做教育學的基本分支學科來討論；一方面反思中西教育史之中的關鍵性議題，一方面也在考察教育學史的可能與限制。中國教育史的關鍵議題，一是教育爲政治服務，二是獨尊儒術；如今的對策則爲「擺脫應試教育」，以及「提倡儒道融通」。西方教育史的關鍵議題，一是深受基督宗教影響，二是理性知識取向；改善之道爲「彰顯人文自然主義」，同時「開發關懷取向的情意教育」。至於教育學本身的問題，我認爲在「科學的教育學」當道同時，開創一條「哲學的教育學」道路有其必要。「中體外用」的眞義之一便是「哲學爲體、科學爲用」。

　　源自西方的人文自然主義，主張價值乃是基於自然情境而

爲人類所建構，通過經驗研究則可以肯定由人性形塑倫理與審美價值的看法，自此激勵人們通過互助快樂地生活；而這種自然而然的價值觀，並不需要任何超自然力量的支持或認可。換言之，西方的人文自然主義是善用科學並揚棄宗教的，但是轉化到華人社會來，並沒有需要被揚棄的宗教。中華文化的特色之一是「**無所謂宗教信仰**」，亦即可以對超越之事「**存而不論**」。漢民族佔全球人口五分之一，其中有九成不信教；沒有宗教信仰的華人可以通過「**本土民俗信仰**」和「**儒道人生信念**」來安頓生命。光是十億人民的安身立命問題，就足以讓「華人教育學」大有可爲了。我提倡「中體外用」，其外用部分包括兩百年前大量傳入的西方文化，以及兩千年來不斷滲入人心的印度佛教文化。這些都是外來文化，必須經過批判篩選方能爲己所用。

　　受教育是人們一生中必須要經歷的過程，但是大家對它都是知其然而不知其所以然。事實上，教育學正是讓人們對教育活動能夠「知其所以然」的學問。但是除了想當老師或從事教育行政工作的人以外，幾乎都沒有機會學習教育學，更不用說教育史等分支學科，這種情況不免令人覺得遺憾。平心而論，教育學不應該只是師資培育的專業知識，它更應當做爲大學生的通識教育課程，讓年輕人瞭解受了十幾年教育所爲何來。就通識課程而言，我認爲「教育史」或許較「教育學」或「教育概論」等科目來得有趣。尤其是像幼兒園、小學、中學、大學、研究所這一系列教育體制的來龍去脈，還有中國古代書院的設置、科舉制度的興起等等，都足以吸引青年學子的好奇心。至於一般教育與技術職業教育的異同，以及像臺灣在日本統治下、港澳在英葡統治下的教育特色，也都值得一探究竟。

What Is Pedagogy?

　　放在師資培育課程內的教育史，對有心為人師表的學子來說，多少具有反身而誠的作用。因為我們可以從前人的足跡中，照見自己未來的方向。教育是誨人的工作，也是良心的事業，有些年輕人追求教育工作，一開始只是嚮往它的安定。只要一個人願意，通常大學或研究所畢業後，可以在教育崗位上屹立四十年而不搖，這種生涯發展的光明前景，對照於當前人浮於事的職場現實，當然具有莫大的吸引力。不過教師生涯並非一成不變而是與時俱進的，因此「終身學習」不可或缺。研讀歷史的目的乃是「鑑往知來」，過去教育史屬於師範教育中必要的環節，多少代表一種人文關懷。如今師範教育擴充為師資培育後，實務技能性課程日益吃重，漸有取代基本學理性課程之勢。教育史不斷被邊緣化，久而久之會使學習者出現見樹不見林的視野窄化弊病，這點絕非民族文化之福。

　　教育史與教育哲學、教育心理學、教育社會學共同構成教育學的基本分支學科，仔細考察，教育史可以用思想史和制度史分別跟教育哲學及教育社會學形成互動的介面，倒是教育心理學經常一支獨秀地在教育學領域中獨領風騷。心理學在講究教學技能和人際關係的時代與社會中，被大家另眼相看並不為過，何況赫爾巴特早就主張以心理學做為教育的方法。只是「科學的心理學」自1879年正式形成後，至今一又四分之一個世紀，卻走向「沒有心的心理學」的弔詭境地。事實上，「心理學」的原意乃是「研究靈魂的學問」，自古希臘一路發展至今，關注的主題也從「靈魂」演變為「精神」、「心靈」、「意識」、「行為」、「認知」等。如今認知科學當道，學者多以人腦與電腦相互類比，固然可以發現不少有關人類心智的奧秘；但重要的理當是「人心的向背」，亦即「人類將何去何從」的問題。

　　古人認爲讀書足以變化氣質，因此一直鼓勵大家通過爲學以做人，而所學則屬於做人的學問。「尊德性」和「道問學」在此其實是一回事，道德學問即是一切學問，這乃是中國式的「知德合一」。此與蘇格拉底所主張以理性決定倫理的「知德合一」，途徑正好相反，可謂大異其趣。然而，當我們站在二十一世紀回顧西方文明史之際，卻能夠巧妙地截長補短、去蕪存菁，將兩者融匯貫通。在教育實踐中，倘若把西方「講理」的工夫善用在華人「重情」的學問上，培養「通情達理」的人，則對於改變世道人心當大有裨益。總而言之，站在「以史爲鑑」的立場看，中西教育史向我們啓示了未來的道路，那便是「中體外用」意義下的「**不忘本，求創新**」。以傳統人生哲理爲本，現代科學技術爲用，億萬華人方得以「御物而不御於物」地順利邁入後現代多元世界。

再　思

1. 請查閱文獻，看看孔子和柏拉圖的哲學，以及赫爾巴特的教育學著作等，大多在說些什麼？

2. 教育史在橫向上有制度史和思想史之分，在縱向上則有教育史學和教育學史學的不同層次，請對此加以闡述。

3. 通過教育史的考察，仔細瞭解今日大學、中學、小學體制的來龍去脈。

4. 依你之見，爲什麼教育學的基本學科要包括史學、哲學、心理學、社會學等四科？有沒有其他可能或必要？

5. 此時此地到底需不需要「華人教育學」？本土化的「局部知

識」如何可能？

6. 從「大歷史」的觀點看，中國教育史和西方教育史的核心議題各有那些？

步入教育之途，走上師範之道

　　我是個很不用功的孩子，小時候從未想過要當老師，但也像一般小孩子那樣，幾乎把老師的話當做聖旨。「老師說」在小小心靈中何其偉大！何其重要！相信這是許多人成長經驗中不可磨滅的印象。從三歲進幼兒園小班，到二十四歲大學畢業，我的受教過程比別人多花兩年。別人高中階段唸三年，我卻前後挨了五年；當然我可以說自己在追尋人生定位，事實卻是高中和大學各考了兩回。回顧一生，我的確可做為「一考定終身」的鮮活見證：初中、高中、五專、三專、大學、碩士班、博士班等各種升學考試無役不與，印象裏彷彿只有高職、師專及軍警院校沒有考過，否則真的堪稱「十全考生」而無愧。考試對於年輕的我而言，就等於一個接一個的人生奮鬥目標。因此當我拿到博士學位那天，竟然產生幾分失落感。

　　我的不用功是針對學校課業而言，事實上我從小就是個以書為伴的孤單讀者，沒有人可以分享，也不善於跟別人討論。一向喜歡閉門造車的我，日後走上哲學之路，並不令自己感到意外。畢竟抽象的玄想可以滿足我漫無邊際的遐想，結果則是越發遠離現實了。平心而論，當老師這

條路多少有些「出世」；想想自己除了當兵和做事共五年外，生活圈幾乎都脫離不了學校。過去人們常說就業是「離開學校，踏進社會」，而我踏進社會的正式工作卻是回到學校當老師。說穿了當老師並不困難，書讀得多，拿到學位就有機會任教；但是要當老師的老師，恐怕就不是那麼容易了。從事師資培育工作，過去我確實不曾想到過。尤其師資培育的前身是師範教育，我小時候家住在臺灣師範大學後面，連當老師都不敢想，更何況從事師範教育。

　　然而事情往往不在自己有限的設想範圍內。年輕時想過要拍電影、當醫生、做科學家，結果考進最冷門的哲學系。班上五十個同學只有六人畢業後繼續走哲學的路，到頭來全都成為大學教授。看來唸哲學不會算命，大概只有走上教書一途。在我看來，大專教師不如中小學教師之處，便在於絕大多數完全沒有受過師範教育。其實好的學者不一定是好的教師。最近幾年因為擔任師資培育教師，讓我有機會接觸到教育學，因此能夠對本身從事了二十幾年的教育工作加以反省，從而發現自己根本稱不上是一名好老師。原因是我只顧著自己在講什麼，卻未曾在乎學生們在想什麼。我不善於與人分享和溝通的個性，並未因當上老師而有所改變，不過卻在當上老師的老師而浮現出來。今後除非我能改弦更張，否則對未來的教師並非好的示範，也許只能算是負面教材罷。

2. 教育哲學

2.1. 問　題

　　一如前章所述，教育學與科學學的基本學科至少有三門重疊，也就是史學、哲學和社會學；本書兼論二者，因此就像前面分別論及教育史與教育學史，本章也將介紹「教育哲學」與「教育學哲學」。但是由於第二篇〈教育學為什麼〉所引介的內容，包括教育理則學、教育形上學、教育知識學、教育倫理學四者，正是「教育哲學」的基本議題。為避免重複討論，本章擬把重點放在「教育學哲學」方面。教育學哲學探討教育學本身的哲學問題，一般多視教育學屬於社會科學學科，教育學哲學乃歸為科學哲學的一環。根據美國科學哲學家哈丁（Sandra Harding）的分判，針對任何一門科學學科進行科學哲學探討，可以再細分為三層問題：「研究方法」問題、「方法學」問題，以及「知識學」問題；通常是知識學觀點影響及方法學立場，再反映於研究方法的實際操作上。

　　教育學若要維繫其於社會科學領域之中的地位於不墜，相關學者就必須持續不斷地從事研究工作。目前除了教育史、教育哲學方面的研究屬於人文研究外，其餘皆為科學研究。教育課題的科學研究，其方法不歸質即屬量，亦即有「質性方法」與「量化方法」之分。過去社會科學研究長期追隨模仿自然科學，因此無不通過實驗與量化方法進行研究。尤其是教育學，因為受到赫爾巴特影響，在研究方法上便謹守心理學路線；而當心理學發展出實驗心理學之際，實驗教育學也應運而生。直到二十世紀八〇年代，社會科學擴充納入質性研究方法，教育

學同樣從善如流。量化方法經常標幟出「經驗的」與「實證的」特色；相對地，質性方法則具有「體驗的」與「詮釋的」特色。質性方法漸受重視，可以從越來越多的質性論文問世看出趨勢。

依照哈丁的界定，研究方法乃是「蒐集論據的技術」，方法學屬於「指引研究進行的理論與分析」，而知識學則爲「有關知識的理論」。知識學屬於哲學的一環自不待言，連方法學都具有深厚的哲學背景。像大家常聽說量化方法反映經驗主義、實證主義的精神，質性研究涉及現象學、詮釋學、存在主義、批判理論等，即顯示不同的研究方法各有所本。大致而言，量化方法背後的方法學預設屬於「英美傳統」，而質性方法則體現「歐陸傳統」。英美傳統主要流行於英語國家，由於二戰後美國高等教育迅速擴充，引領世界學術潮流，量化式的社會科學研究一支獨秀。後來歐陸思想逐漸滲入美國學界，帶動後現代主義興起，使得社會科學有機會擺脫自然科學的影響，轉而向人文學術求緣，具有人文關注性質的質性研究終於爲主流學界所接受。

站在常識立場看，自然科學探討物質和能量世界，比較能夠進行客觀的觀察和實驗；社會科學則因爲探討易於受到人心影響的個體及群體活動，研究不免摻有一些主觀成分。過去社會科學追隨自然科學研究途徑，因此盡量排除各種主觀因素，但也在無形中排除掉一些值得探究的課題。一九八〇年代以後，社會科學從後現代的氛圍中逐漸突破既有窠臼，開始接受主觀知識的可能，遂形成今日研究成果百花齊放、各家爭鳴的多元盛景。主觀知識得以成立，與其說是科學研究之功，不如說是人文研究的成果。西方學術長期以來重科學輕人文，以致

將「科學」與「知識」劃上等號，視人文學問皆不足以構成嚴謹知識。風水輪流轉，當今有些社會科學論文幾乎完全不具科學面貌，反似文學表達。這種「生活故事」的詮釋，其實可以做爲教育學研究豐富的活水源頭。

依照研究方法、方法學、知識學三層觀點考察，不難看出教育學的科學研究具有「量化方法─英美傳統─客觀知識」與「質性方法─歐陸傳統─主觀知識」兩大路徑。但是二者並非涇渭分明、互不往來，而是互補互利、相輔相成的。平心而論，華人世界的社會科學教學與研究，目前幾乎完全由英美傳統主導，偏重科學是理所當然。不過英美傳統受到後現代思潮不斷衝擊，至少在社會科學領域內已不再忽視人文，日益興盛的質性研究便是明證。然而無論是量化或是質性研究，它們仍然屬於社會科學研究。科學研究必須有具體對象以供研究分析，不像人文性的哲學研究，可以完全通過思辨進行概念的推論。例如學習心理或教學實務等，必歸於科學；而教育目的或課程設計所依據的知識分類等，就屬於教育哲學的課題了。

由於教育史和教育哲學均歸於教育學的一部分，因此從事教育學的人文研究並不爲過。但是一如前述，質性研究並非人文研究，而是具有人文特質的科學研究，這種差異大家不可不辨。正因爲當今社會科學研究不斷向人文開放，使得十九世紀以降，科學與人文「兩種文化」對立的局面日漸消弭。進入二十一世紀後，更有二者融匯貫通的趨勢，例如加拿大教育學家范梅南（Max van Manen），即提倡一種「人文科學」意義下的教育學，以進行「生活體驗」方面的研究。「人文科學」的提法源於歐陸，「科學」在此取其廣義，幾乎等同於整個「知識」；而非像英美傳統一度將「知識」取其狹義，只容納可以

量化的經驗性「科學」。教育是人間最重要且不可或缺的活動之一，沒有理由受到特定西方知識視角的框限；在華人世界運用東方思想建構教育論述，相信更有可觀之處。

2.2. 觀　點

　　教育學哲學反思教育學的科學知識性質，必然要面對科學知識背後的哲學預設，這些哲學預設大致分為六種：理性主義、經驗—實證主義、馬克思主義、現象學—詮釋學、存在主義、後現代主義，其中以理性主義思想最為久遠。理性主義可以上溯至希臘三哲，蘇格拉底倡導「知德合一」，看重的便是合乎理性的真知，並以此做為道德判斷的基礎。其後柏拉圖強調思辨推理，無視感官經驗，不獲其學生亞里斯多德認同，後者遂有「吾愛吾師，吾更愛真理」之嘆。亞里斯多德雖然兼顧理性與經驗，但仍有高下之分。這種高懸「理性之光」的傳統，從古希臘一貫直下，通過千年的中古時期，至十六世紀法國哲學家笛卡兒（René Descartes, 1596-1650）達於顛峰，並且在啟蒙運動中再放異彩，可以看做是西洋文明的精華、西方思想的核心。

　　嚴格說來，西方哲學中的「理性主義」以及與之相對的「經驗主義」，乃是文藝復興以後的近代哲學產物，以示對理性或經驗的高度重視。有意思的是，理性主義以歐陸為擅場，經驗主義卻在英倫三島發揚光大；雖然較經驗主義更為基進的「實證主義」出現於法國，但是二十世紀「經驗—實證主義」的流行仍以英語地區為主。經驗主義開其端者為英國哲學家培根

（Francis Bacon, 1561-1626），他提倡「歸納的思維方法」和「實驗的科學精神」，與理性主義重視「演繹的思維方法」與「思辨的哲學精神」大異其趣。這種「實事求是，無徵不信」的認知取向，經過法國哲學家孔德（Auguste Comte, 1798-1857）的深化，逐變成對實證科學的推崇，視之爲較哲學更上層樓的嚴密知識。經驗—實證主義一系發展至今，爲不少科學家所接受，且被當做科學知識的哲學預設。由於科學是二十世紀的顯學，連帶使其哲學預設亦爲之風光過一陣。

理性主義和經驗主義始終在西方哲學中扮演相對的角色，且分別以「演繹邏輯」和「歸納邏輯」做爲思想的利器。然而在西方的思維方法傳統中，還有一種長期被忽視的方法，於十八、九世紀之際廣爲運用，而使二十世紀的人類大受其影響，那便是「辯證邏輯」。辯證法其實早在古希臘時代即已出現，卻要傳到德國哲學家黑格爾（Georg Wilhelm Friedrich Hegel, 1770-1831）之手方得全面提倡，而真正讓辯證法發揮重大作用的則是馬克思（Karl Marx, 1818-1883）。馬克思哲學相當看重社會解放，此種實踐取向與整個西方哲學的理論取向截然不同，也的確在二十世紀引發了社會主義革命。在政治革命的陣營之外，學術界也出現不同的途徑，主張轉化知識爲行動以促成社會解放的「新馬克思主義」及「批判理論」，便是其中最主要者。新馬學說與批判理論，以及做爲其根源的「馬克思主義」，無疑是社會科學研究不可忽視的一環。

社會科學研究除了呈現出客觀知識和主觀知識以外，其實還包括實踐知識；後者依辯證法規律試圖改造社會，竟然在上個世紀發揮出強大的力量。不過西方哲學的重要作用，還是在於瞭解宇宙和獨善其身，而非改變世界或兼善天下。尤其在作

育英才方面，注重個體感受體驗的主觀知識漸受重視。像現象學、詮釋學、存在主義等哲學思潮，近年多出現於教育學文獻中，顯示教育論述的人文關注有增無減。在這些人文思潮中，「詮釋學」源遠流長，原本是對經書文本詮釋的學問，德國哲學家海德格（Martin Heidegger, 1889-1976）將之與其老師胡塞爾（Edmund Husserl, 1859-1938）所發展出來的「現象學」結合，形成「詮釋現象學」方法，用以探討哲學固有的對象——「存有」（being）。西方哲學主張諸事萬物皆為存有，現象學—詮釋學一系思想則希望在其中發現可以被闡釋的「意義」，相信這也是教育的重要目的。

　　主觀知識還有一個經常被人們掛在口頭上的流行思潮，那便是「存在主義」。存在主義的先驅人物為丹麥哲學家齊克果（Søren Aabye Kierkegaard, 1813-1855），其思想於一百年後被法國哲學家沙特（Jean-Paul Sartre, 1905-1980）發揚光大。齊克果發現人的存在有四項特徵：個體性、變化、時間、死亡，其關聯為：「*個體在時間之流中不斷轉變，而以死亡為其終點。*」沙特據此拈出「*存在先於本質*」的著名命題，以示個人不應向命運低頭。存在主義主張事在人為，人的自由意志可以決定許多事，包括自己要成為什麼樣的人。海德格對存在主義也有貢獻，他發現人生的處境乃是「*無逃於天地之間且朝向死亡的存有*」，這種慧見對於情意教育深具啟發意義。雖然當前教育的目標是培育年輕人一技之長，但是唯有情意面的充實方得讓人們安身立命。

　　存在主義傳至美國後，標幟出要形塑「非理性的人」；非理性並非不理性，而是指不為理性所限。西方哲學一向強調理性思辨，至存在主義始看重情意感受。而於存在主義之後，大

約在一九六〇年代，另有一派重感受的哲學思潮躍登文明舞臺，也就是時下蔚爲顯學的後現代主義。後現代主義標榜「現代主義之後」，是一種對現代工業文明的反動，同時也對現代哲學放諸四海皆準的普遍性加以批判，從而提倡「肯定多元、尊重差異」的有容乃大胸懷。根據法國哲學家李歐塔（Jean-Francois Lyotard）所描述的「後現代狀況」，知識在其中既不等同於學問，更不能只限於指涉科學；知識包括對世界眞善美的各種認知和評價活動，它最好是用說故事而非邏輯論證的方式來表達。由於後現代主義具有顛覆性，在臺灣經常爲教育改革人士所援引，多少體現出一種海闊天空的理想。

2.3. 反　思

　　教育學屬於社會科學領域，社會科學知識背後有各式各樣的哲學假定，這些哲學假定或多或少影響著各種教育學觀點所考察的教育實踐。換言之，不同的教育學哲學開出不同的教育學，從而形成不同類型的教育活動。以理性主義和經驗主義爲例，強調前者的教育思想無疑注重哲學思辨及演繹推論，傾向紙上談兵；遵奉後者的教育思想必然主張科學觀察與「做中學」，亦即通過動手做而學習。二者其實都是教育活動不可或缺的組成部分，因爲即使在動手做之前，也必須想清楚爲何而做以及如何去做。這是一種反思的工夫，本節就引領大家走入教育實踐的反思，我先介紹三種西方思潮：批判教育學、存在主義教育學、後現代主義教育學，再嘗試在華人文化脈絡或語境中，通過新儒家教育思想，初步提出一套以「後現代儒道家」

為核心的「華人教育學」。

　　源出南美的「批判教育學」，與歐陸「批判理論」並非同一回事，但是二者其實是同調的思想；它們都秉持著馬克思主義精神，而提倡社會解放與教育改革。批判教育學的提倡者為巴西教育學家弗萊勒（Paulo Freire, 1921-1997），他主張以「提問式教育」來取代「儲存式教育」，以彰顯受教育者的主體性。尤有甚者，彰顯主體性只是第一步，人們還應該進一步追問：自己的主體性究竟在何種脈絡中被彰顯？到底有沒有被彰顯的可能？「主體性」屬於現代概念，強調個體的無與倫比。但是人畢竟無逃於天地之間，一個人身處的時空脈絡無時無刻不作用於個人的處境。弗萊勒在他所身處的巴西，看見集權政府對人民的宰制與壓迫，因此挺身而出，希望通過教育實踐以改善人民處境。他曾提出有名的「被壓迫者教育學」，為彰顯人的主體性大聲疾呼，對新世紀全球各地教育實踐影響深遠。

　　弗萊勒的教育思想根源包括馬克思主義、批判理論、心理分析，以及存在主義；而「存在主義教育學」的貢獻，正是對「主體性」和「自由」等概念的提倡。存在主義做為一種時代思潮，的確曾經引領風騷於一時，但是將它的精神全盤體現於教育實踐中，大概只有英國教育家尼爾（Alexander Sutherland Neill, 1883-1973）於1924年所創辦的「夏山學校」。夏山學校的特色正是完全尊重學生的主體性和自由，孩子在此可以得到充分的自由，但也同時在學習培養責任。由於夏山學校的自由開放式教育是教育界的異數，使得它在全球博得大名，更反映出許多「雖不能至，心嚮往之」的心聲。一如前述，存在主義的真義是將命運操之在我，而非假手他人。教育既要習得生活技能，又需落實人格養成，倘若讓學生自覺地把握教育的目的，

就沒有必要嚴加管教，一切也都可以順其自然了。

　　批判教育學和存在主義教育學都是現代的產物，它們雖針對改善現代弊病而發，但終究仍屬於現代思潮的一環，真正顛覆現代觀點的教育思潮乃是「後現代主義教育學」。現代教育制度受惠於產業革命而創始，在各民族國家形成全民化的普及教育。但是當教育普及之際，矛盾也逐漸由內部滋生。產業革命所帶來的工業化與現代化，不免通過制式的管理來要求效率。這點落在教育活動中，便出現專門分工、客觀評量、科技掛帥等等異化現象。雖然批判教育學和存在主義教育學皆希望改善這種異化現象，不過後現代主義教育學走得更遠。他們建議大幅翻轉現代教育體制，甚至主張廢除學校，實行自學方案等。然而後現代主義並非打倒一切的革命思想，它的真正用心其實是呼籲人們肯定多元、尊重差異，因此破壞的目的仍是為了建設。

　　後現代思潮係萌生於現代之中，二者的關係既屬「歷時性」又係「共時性」，亦即雖有時代上的先後差距，卻又並存而不悖。兩岸四地華人社會，除了大陸內陸部分地區外，幾乎已全面完成現代化，因此必然會出現後現代狀況。後現代並非洪水猛獸的猖獗，而是推陳出新的努力。古老的文化資產在時代變遷中，必須以新面貌示人，當代新儒家便是一例。像臺灣教育學者方志華便以西方「關懷倫理學」和中國「儒家倫理學」進行對比研究，發現六項契合之處：皆以情意做為道德的基礎、皆重視人際的關係脈絡、皆通過人際關係以落實道德人格發展、皆重視發自內在的主觀情意力量、皆重視學習的自由與悅樂、皆在培養道德成熟的性情中人。由此可見，儒家教育學的最大貢獻，可能落在情意教育與道德教育方面；而在我看來，

其實可以再擴充其內涵。

　　我心目中最適於在華人社會普及推廣的教育學哲學，乃是通過「中體外用論」方法學綱領所建構的「後現代儒道家」教育學。在「中學爲體」方面，古典儒道二家在後現代經由「儒陽道陰、儒顯道隱、儒表道裏」的方式融匯貫通，以培養「知識分子生活家」的人格典型。此種人格類型用本土化的「後科學人文自然主義」價值觀爲介面，通過後現代主義所提倡的多元進路，向「外學爲用」的文明世界開放。教育實踐在此一反西方蘇格拉底式「從宇宙看人生」的「知德合一」途徑，轉而以中國儒道家「從人生看宇宙」的途徑爲依歸。「外學」包括西洋、日本、印度各方文明結晶，率皆足以爲我所用，但必須判明體用和本末。大陸文學學者王岳川所提出的「發現東方」呼籲，在此有振聾啓聵作用。一味本末倒置地追隨西方價值，喪失民族文化主體性而不自知，那絕非教育之幸、學生之福。

2.4. 討　論

　　本章主要介紹教育學哲學，至於傳統意義下的教育哲學，將留待後面以一整篇四章的篇幅加以深入考察。在西方哲學的脈絡裏，教育學哲學屬於科學哲學探究，目的是從科學哲學的視角探討教育學的科學性質。問題是科學哲學本身的屬性也並非定於一尊的，它直接涉及一個人的世界觀。「世界觀」指的是人們看待世界的觀點，包括「宇宙」與「人生」兩方面。新儒家哲學家唐君毅（1909-1978）便指出，哲學問題不外宇宙與人生二端，他認爲「從宇宙看人生」乃是「最彎曲的路」，唯有

「從人生看宇宙」方能「直透本原」。西方大部分的哲學與科學思想，都具有「從宇宙看人生」的傾向，整個社會科學皆可視爲這種傾向的體現，教育學自不例外。華人社會的教育學長期追隨西方世界的步伐而發展，雖然無可厚非；但是在後現代尊重多元的今日，改弦更張可說此其時矣！

　　教育是百年樹人的大業，在我看來，它的過程和目的都深深關涉到「人」的心智、情意和素質，理當以人文爲本、以科技爲輔。科學昌明是近三百年間的事，往深一層看，科學興起乃是人心的一大突破，因此人們必須用心於「御物而非御於物」。「從人生看宇宙」的態度，正是這種用心的結果。本書有意凸顯此點，希望在華人社會提倡對既有教育論述進行「**典範轉移**」的工作。「典範轉移」原本是一個自然科學中的概念，意指科學家從事研究時，對宇宙的信念系統之轉移。後來被大幅引用於社會科學領域，便指科學家的世界觀之轉換。一個值得反思的事情是：自然科學學科通常是由一個典範轉移至另一個典範，社會科學學科則普遍出現典範並存的局面。典範並存意謂世界觀兼容並蓄，沒有任何一種足以獨領風騷，這也爲「局部知識」保留了發揮餘地。

　　兩岸四地華人世界人口佔全球五分之一以上，學校教育形式走西化路線，反映世界潮流並無可厚非，但是就其內涵強調本土化、在地化特色也是理所當然。像有中國特色的「**素質教育**」和有臺灣特色的「**生命教育**」，都是很好的例證。未來「華人教育學」自覺地發展本土化及在地化路線，就需要教育學哲學來提供指導綱領。教育學哲學是科學哲學的一支，過去科學哲學受經驗─實證主義影響甚深，表現出以「科學的世界觀」爲依歸的「科學的哲學」之風貌。在二次世界大戰前後，這種

「科學的哲學」受到強烈質疑,其中又以英國哲學家波普（Karl Raimund Popper, 1902-1994）自認為扼殺了典型的「科學的哲學」——邏輯實證主義,相當引起學界的矚目。一九六〇年代以後,對科學的世界觀持批判態度的「新科學哲學」應運而生,科學哲學便顯得海闊天空了。

相信科學萬能的「科學的世界觀」,其實是一種科學主義世界觀。然而科學畢竟是人心的產物,人非萬能,科學也有可能會出錯。哈丁便認為自然科學屬於一種特別的社會科學,這意謂著:*科學知識乃是人心思維的社會建構*。平心而論,科學知識在一定程度上確實揭露了部分宇宙真相,不能完全視之為人心想像的結果;但是全然相信科學知識,無視於其他知識的可能,同樣也算是偏見。臺灣後儒家哲學學者林安梧指出:「*自然先於人,人先於自然科學*」,的確是一針見血之論。本書便是根據類似的見解而主張:「*人先於教育,教育先於教育學*」。教育必須以人為本,本立而道生;雖然教育學可以被視為一門科學學科,但是不能因此忽視它所蘊涵的人文關懷。以教育學哲學而論,我希望通過一種更為開放的觀點去看待教育和教育學。

我所提倡的教育學哲學,即是以「後現代儒道家」為世界觀的新科學哲學;其中儒道家思想是「中體」,後現代主義是「外用」。後現代主義有容乃大、眾說紛紜,本書所認同的乃是美國教育哲學家諾丁（Nel Noddings）的關懷倫理學。關懷倫理學從「*女性主義*」出發,走向「*人文自然主義*」的全面觀照;倘若女性主義的努力是「*同中存異*」,人文自然主義的理想便屬於更上層樓的「*異中求同*」。尤其甚者,關懷倫理學雖然自女性體驗中發掘問題,卻更深刻地指向人人具備的「陰性」人格特

質。長期以來，男性大多被要求表現出陽剛的一面，同時不被鼓勵做出陰柔的表現，像「大丈夫有淚不輕彈」之類的教訓等，而教育活動也有意無意地在推波助瀾，使得男人不斷走向被社會所期望的道路，同時忽略掉人性中陰性的豐富資源。

　　陰性的「關懷倫理學」相對於陽性的「正義倫理學」而彰顯出其特色，倘若正義倫理學反映出現代主義的精神，則關懷倫理學便體現出後現代主義的價值。以後現代關懷倫理學為核心價值的教育實踐，一方面把「道德教育」擺在中心的地位，一方面更視教育為「道德事業」。倫理道德問題在西方世界是「探討個人自律」，於華人社會則主要為「安頓人際關係」。德育在此至少要與智育平起平坐，二者無所偏廢，這也正是「從人生看宇宙」的「華人應用哲學」之真義。「華人應用哲學」為教育學哲學提供了「後現代儒道家」的考察進路，以此去觀照既有的教育學，可以解讀出不同的學問訊息。「華人教育學」不必然要形成放諸四海皆準的學問，但必須是「適用於華人社會、為華人世界造福」的教育理念與實踐。以下兩章將秉持這種哲學視角，進一步考察教育學的科學面向。

再　思

1. 科學哲學可以細分為研究方法、方法學、知識學等三層問題，你能舉例說明嗎？

2. 教育研究常見「量化方法」與「質性方法」之分，其背後的方法學預設分屬「英美傳統」和「歐陸傳統」，請對此加以闡述。

3. 教育改革是否反映出「後現代狀況」，請嘗試分析其中的利弊得失。

4. 兒童本位式的教育，例如英國的「夏山學校」，是否會演變成「放羊吃草」而缺乏學習效果？請加以評論。

5. 請就關懷倫理學與儒家倫理學的六項對比，加以進一步地引申發揮。

6. 「華人教育學」主張「從人生看宇宙」的學問進路，你是否贊成？

教育哲學與哲學教育

　　雖然當前的大學錄取率高達百分之八十以上，但是唸大學並不敢保證一定就業；而即使一名大學畢業生順利就業，也難說一定能學以致用。我所謂「學以致用」，最起碼的是「靠本行吃飯」，進一步則是「在本行內就業」。尤其是當老師，本行與非本行分得清清楚楚。說來也奇怪，中小學教師證是分科的，因此一個人可以領幾張教師證；大專以上卻只有依職級劃分，像我共有講師、副教授、教授三張教師證，卻都不曾指定教哪一科。如此一來，彷彿中小學教師為專才，大專教師則個個是通才。事實也是如此，因為中小學教師一定得修足教育學分方得任教，大專教師卻只需要碩士以上學位便得登臺授課。看來大專教師在「當老師」這一方面，還真的比中小學教師「外行」許多。

　　說到本行，我的本行是哲學。人們常說文、史、哲不

分家，但是在我的經驗和感受中，唸哲學和學文史彼此的
際遇，可說是天壤之別。就以當老師為例，如今中小學九
年一貫課程中，文史學者至少在語文與社會兩種學習領域
內，始終派得上用場，哲學學者則非得到大學層級才有揮
灑空間。記得我剛拿到哲學博士後，是教五專的公民、四
書和三專的國父思想，這類共同必修課程似乎都跟哲學沾
上點邊，哲學在其中卻又顯得十分邊緣化。好不容易登上
大學講壇，在通識教育課程中尋得一塊棲息之地，拿沒有
太多養分的哲學科目，去餵飽大學生的營養學分。從我正
式擔任教職以來，一共教了九年哲學方面的通識課程，又
花了四年時間去開發新興的生死學，然後奇妙地踏入師資
培育系所講授「教育哲學」一科，得以重拾哲學的慧命。

　　「教育哲學」雖名為哲學，卻是不折不扣的教育學分
支：哲學系很少教到它，師範教育和師資培育則絕對少不
了它。尤其近年臺灣的師範教育已完全轉化為師資培育，
無論是否為師範校院畢業生，想當中學以下教師就一定得
參加檢定考試。教育哲學拜檢定考試科目十六分之一比例
之賜，竟然使得準老師們不得不正視它的存在，也使得我
意外地從「靠本行吃飯」，勉強進階到「在本行內就業」。
說教育哲學是我的本行不免慚愧，因為我乃是半路出家、
困而學之的。幸運的是，在經歷四年的醞釀和薰習之後，
我已經漸漸對教育哲學產生了相當的理解與興趣。當我站
上講臺向未來的老師介紹教育哲學時，除了希望幫助他們
順利通過檢定考試以取得教師資格外，還打算盡可能地創
造一些哲學教育的附加價值，畢竟這是一門難得受人正視
的哲學課啊！

3. 教育心理學

3.1. 問　題

　　若從科學學的立場看，教育心理學與其他三門教育學基本
分支學科的性質多少有些出入。科學學主要是通過史學、哲
學、社會學三種視角來考察各科學學科，因此像教育學可以有
一階對「教育」的歷史、哲理、社會面向之教育學探究，以及
二階對「教育學」進行史學、哲學、社會學之科學學考察。唯
獨教育心理學在一階探究中獨樹一幟、大放異彩，卻鮮見二階
式的考察。因此嚴格說來，教育心理學只是「教育的心理學」。
由於赫爾巴特主張教育學應採用心理學方法從事研究，他並在
1831年出版《關於心理學應用於教育學的書信集》，試圖更加緊
密地結合教育學與心理學。而真正創立科學化教育心理學體系
的乃是美國心理學家桑代克（Edward Lee Thorndike, 1874-
1949），他於1903年出版《教育心理學》一書，並不斷擴增建
構，使得教育心理學不但成為教育學的分支，其本身便足以形
成為一門獨立學科。

　　歸納眾多美國教育心理學教科書的內容，可以找出四個核
心問題方向：發展、差異、學習、教學；前二者的心理學成分
濃，後二者的教育學應用重。由於本書第三篇有專章介紹教學
論，因此本章對於教學問題僅點到為止，而把焦點集中在發
展、差異和學習的問題上，這些問題分別涉及普通心理學內的
發展心理、人格心理、學習心理等部分。心理學長期以來都是
哲學的分支學科，1879年以後才獨立發展為一門科學學科。當
年德國生理學家馮特（Wilhelm Max Wundt, 1832-1920）在萊比

What Is Pedagogy?

錫大學成立一座心理學實驗室，世界各地的學子紛紛前往學習取經，讓「實驗心理學」蔚爲心理學的主流，取代了過去哲學思辨式的心理學途徑。這股風潮進而帶動了「實驗教育學」的形成，讓教育學走上「教育科學」的道路。如今大陸上各師範大學普遍設立教育科學學院，其下多包含心理系，由此可見二者關係之密切。

教育心理學的目的是把心理學知識用以改善教育實踐，而任何教育實踐皆不脫持續成長的個人。一般常把家庭教育、學校教育、社會教育三者，視爲人在一生中接受教育的次第階段，而受教育的人也在不斷發展中。基於人是處於不斷發展的狀態，教育心理學自「發展」問題著手入門乃是理所當然；事實上，絕大多數相關教科書都是從發展心理學寫起的。人的一生主要反映在佛教所說的「生、老、病、死」諸現象上；而佛教更進一步指出「十二因緣」從「無明」出發、到「老死」告終的一系業力流轉，或許可視爲古代文明對於人類發展的系統看法。不過發展心理學卻要到二十世紀才提出較具說服力的理論觀點。「發展」的英文動詞爲 "develop"，意指「打開卷軸而解讀其內容」，其相反的意思則爲「封閉」（envelop）。「發展」意謂開啓、浮現，與今天流行的「潛能開發」說法有著相互呼應之處，而這主要還是通過教育來完成的。

雖然教育的理想境界是「有教無類」，但是正如諺語所言，「一種米養百樣人」，到頭來還是「因材施教」較爲實際且有效率。一旦因材施教就必須考慮個體之間的「差異」，在教育現場中雖然講究常態分班，但是學生程度落差太大，無疑會讓教師窮於應付。從教學的立場考量，學生的個別差異主要在於智力因素；其次再及於非智力因素，例如社經階層、性別、族群、

文化等，當然個體的人格差異也相當重要。過去學校和教師重視的是學生在認知方面的智力，上個世紀末「多元智能」的觀點漸受重視。更有學者提出，我們除了考察學生的「智力商數」（I.Q.）外，還要注意他的「情緒商數」（E.Q.）。換句話說，教育已不再單單指向知識的學習，同時也要兼顧情意的調適。本書呼應德智體群美五育並重、等量齊觀、無所偏廢的看法，正是反映看重多元智能的趨勢。

　　教育心理學四大議題的核心無疑是「學習」，對於學生學習的瞭解，乃是改善教師教學的基礎。學習理論在二十世紀突飛猛進，但是在中國古代儒家的思想裏，就曾經圍繞著這個課題有所闡述。像孔子區別「生而知之、學而知之、困而學之、困而不學」等情況、孟子提出人具有「良知、良能」等潛力、荀子劃分「入乎耳、箸乎心、布乎四體、形乎動靜」等過程，無不是當代教師在面對學生學習時的基本考量。而從學習心理再向前跨一步，便走進教學心理的園地，其中又包括教師心理在內。過去人們多停留在「教師教、學生學」的刻板印象心態中，如今已走入「終身學習」的時代，教師也必須懂得「學而時習之，不進則退」的道理，不斷自我充實。近年臺灣各大學的「碩士在職進修專班」如雨後春筍般地開辦，讓許多中小學教師獲得充電機會，不啻擴充了「學習」的領域。

　　從「學習」的瞭解走向「教學」的改善，雖然不見得是水到渠成的事情，但畢竟屬於關鍵的過程。事實上，教育實踐乃是環環相扣的，不但學習與教學關係密切，成功的教學在另一面還涉及課程設計與教材內容是否妥當。而教學過程正是實現教育理想和目的之手段，其中包括教學理論、教學設計、教學策略、教學評量、班級經營等課題，皆需一一加以落實。像教

學理論即是為了合理地設計教學情境，以期達到教學目的；而「以教師為中心」和「以學生為中心」兩種不同的教學情境，背後支持的理論與觀點實大異其趣。至於教學設計與評量等方面，近年由於教育技術學的改進而日新月異。此外班級經營更是中小學教師必備的專門修養，以期成為「稱職教師」（expert teacher），進而教出「優質學生」（expert student）。這些有關教學的討論將留待第十章再詳談，以下僅就教育心理學中的發展、差異和學習三大問題，列出具有代表性的觀點。

3.2. 觀　點

　　與教育心理學相關的發展理論觀點，最常被提出來的有瑞士心理學家皮亞傑（Jean Piaget, 1896-1970）和俄國心理學家維果斯基（Lev S. Vygotsky, 1896-1934）有關「認知發展」的理論、丹麥心理學家艾瑞克森（Erik Homburger Erikson, 1902-1994）有關「社會發展」的理論，以及美國心理學家郭爾堡（Lawrence Kohlberg, 1927-1987）有關「道德發展」的理論。其中以研究認知發展理論著名的兩位同齡學者，皮亞傑對生物學興趣濃厚，使他強調人心的結構和普遍的生物發展規律，而維果斯基則重視文化與社會的互動以及心理發展的歷史面。他們均著眼於個體在求知時的認知方式和解惑時的思考方式，因此同被歸為對認知發展具有重大貢獻的科學家。「發展」乃指個體受到遺傳與環境雙重影響所導致的系列改變歷程，一般具有「規律性」、「連續性」和「個別差異性」三大原則，皆適用於上述涉及各種不同面向發展的理論。

　　「認知發展」理論主要在處理智力發展的問題，對瞭解學生心理進而有效教學帶來助益。然而學生雖然以在學校學習爲主要場所及活動，但是其人格也同時在生活中成長。艾瑞克森的「社會發展」理論，是提出一連串的社會心理發展階段，用以反映個體在每一階段中可能面對的心理社會危機，而人生即是在完成不斷克服階段性危機的發展任務。既然是社會危機，必然與他人脫不了關係，從而產生倫理道德方面的抉擇，郭爾堡的「道德發展」理論便是針對這方面的發展而提。由於皮亞傑的認知發展理論也涉及個體的道德推理發展，郭爾堡乃將之修正與擴充；皮亞傑認爲認知發展有四個時期和階段，郭爾堡則劃分道德發展爲三個時期六階段。由於道德發展逐漸受到學校和教師重視，使得情意教育有可能被融入教學之中，甚至成爲正式課程。

　　談到人的差異性，並不是一句「因人而異」就足以解釋一切的；而希望在異中求同，找出差異的規律性，便使得「個別差異」成爲心理學的重要課題。人們把「差異心理學之父」的頭銜加在英國心理學家高爾頓（Francis Galton, 1822-1911）的身上，他是著名生物學家達爾文（Charles Darwin, 1809-1882）的表弟，同時也是「優生學之父」。高爾頓曾經使用系譜調查法，系統地研究遺傳因素與身心特徵的關係，並運用統計數字來代表心理特徵的差異，是心理統計學的先驅人物。他的遺傳決定論雖然反映出中國人講「龍生龍、鳳生鳳」以及西方人講「有其父必有其子」的常識看法，但是並不能就此說差異的特徵可以代代相傳。高爾頓所重視的乃是一個人的智力，法國生物學家比奈（Alfred Binet, 1857-1911）在上世紀初爲鑑別學童學習能力而設計出「智力測驗」，造成後人對智力商數的看重，直到

一九八○年代美國心理學家加納（Howard Gardner）提出「多元智能」觀點，才算打破智商獨大的局面。

　　加納認為人類智力並非單一多重的，而是多元並存的，他曾列出七種智能，目前已擴充至九種。這些觀點象徵了教育界對於瞭解智能差異方面的推陳出新，但是非智力因素所造成的個別差異同樣值得注意。一般所指的「非智力因素」包括人格差異、性別差異、族群差異、語言差異等；其中「人格差異」是輔導諮商關注的對象，「族群差異」可透過尊重多元文化的教育活動來改善，「語言差異」也可以引進雙語教學加以協調，倒是對「性別差異」的探究饒富教育意義。對於教育中性別議題提出最著名觀點的學者，當屬美國心理學家吉莉根（Carol Gilligan）。她是郭爾堡的學生，卻發現老師的道德發展理論有瑕疵，便提出「**不同的聲音**」。她的貢獻是指出女孩的道德判斷不同於男生依「**公平、正義**」來作理性考量，反而是從情意面的「**關懷、照顧**」出發。教育心理學從此必須對「關懷倫理學」有所反思與回應。

　　教育心理學的核心問題是「學習」，大多數美國相關教科書都會點出兩大學習理論取向：「行為取向」與「認知取向」。平心而論，二者皆屬可以實際操作的理論取向，並且都對有效教學產生明顯效果。「學習」最簡明的定義即是：**個人通過感官經驗或內在體驗而產生的轉變**；行為取向主要考察外在經驗，認知取向則著眼於內在體驗。談起「行為取向」就不能不提及「行為主義」，行為主義的里程碑乃是俄國生理學家巴甫洛夫（Ivan Petrovich Pavlov, 1849-1936），他以有名的「對飢餓的狗搖鈴使其分泌唾液」實驗，發現如今稱為「古典制約作用」的存在，這對在教學情境中通過賞罰以產生學習效果的作法，頗具

啓發意義。行為主義後來在美國為桑代克、華生（John Broadus Watson, 1878-1958）、史金納（Burrhus Frederick Skinner, 1904-1990）等人發揚光大，更被封為心理學「第一勢力」，而與精神分析、人本主義等學派分庭抗禮。

「認知取向」的學習理論同樣是受到歐洲思潮影響而在美國發揚光大，其歐洲根源為二十世紀前期形成於德國的「完形心理學」，而當前經常被討論的認知取向觀點則為「建構主義」。完形心理學繼承十八、九世紀德國的康德哲學、現象學傳統，重視心理的「主觀能動性」，此與行為主義只看外顯的「刺激與反應聯結」大異其趣。事實上，完形心理學始終對行為主義抱著嗤之以鼻的批判態度，早年二者的確顯得互不相容。有人形容心理學從探討意識到研究行為，算是經歷了一場「典範革命」；果真如此，則從研究行為到考察認知，同樣也面臨典範轉移的過程。美國的心理學界在一九六〇年代以前，幾乎完全是行為主義學派的天下，這種情況不免波及教育學界。後來心理學面臨了「認知革命」，同樣讓教育界受惠。心理學通過教育心理學而帶動教育學的革新，其例證比比皆是，光是這一點就非教育哲學差可比擬的了。

3.3. 反　思

由於教育學本身就被大家視為一門社會科學學科，因此其分支學科內同屬社會科學範疇的教育心理學和教育社會學，比起落在人文學範疇的教育史和教育哲學來得受歡迎也是必然。整個二十世紀，科學都比人文吃香，稱二十世紀為「科學的世

紀」大致不差。然而我們不禁要問：這種趨勢是必然的嗎？答案可以這樣說：是被教育薰陶出來的。教育學的特色之一，正是我們用教育的管道來開創與傳播教育學；像我寫的這本入門讀物，就有機會在課堂上講授與討論。既然教育實踐得以傳遞教育學知識，那麼我們反身而誠地進行思考，是否也有可能開創更多新知識？這便是本書的一貫立場：秉持「中體外用」的精神，建構一套適用於華人社會的「華人教育學」局部知識，其中包括有「華人教育心理學」。

　　教育心理學雖然已經充分形成為一門獨立學科，但是它畢竟跟心理學淵源深厚。因此要建構「華人教育學」，必須先轉化教育心理學，而這又可以從心理學之中傾聽「不同的聲音」著手。我心目中心理學「不同的聲音」，就是號稱「第三勢力」的「人本心理學」。「人本主義學派」形成於美國，主要是針對心理學「第一勢力」與「第二勢力」的「行為主義學派」和「精神分析學派」批判而發。雖然人本心理學在美國不斷發聲，但是主流的教育心理學教科書卻很少提及它，即使論及也僅點到為止；倒是臺灣的教科書多把它列為行為取向與認知取向以外的另一種主要學習理論取向，大陸則視之為次要的另類觀點。嚴格說來，人本心理學屬於「哲學的心理學」而非「科學的心理學」，其重要的活水源頭來自哲學中的現象學和存在主義，而這兩種思潮亦有一定的淵源。

　　根據德國哲學家加達默（Hans-Georg Gadamer, 1900-2002）的看法，做為主觀主義代表的現象學，後來走向對於客觀科學方法的追求，無疑背離了人文精神。倒是沙特主張「**存在主義是一種人文主義**」，讓存在主義始終保有對人文理想的堅持。將人本心理學應用於教育實踐上，其最終理想莫過於開導學生走

向「自我實現」的境地。「自我實現」的概念經由美國心理學家馬斯洛（Abraham Harold Maslow, 1908-1970）發揚光大，他把自我實現列為人類需求五層次的最高層次，其境界為：**充分發揮個人潛能，以實現自我的理想與抱負**。基於此般理想，另一位人本心理學家羅傑斯（Carl Ransom Rogers, 1902-1987）於1969年出版《學習的自由：教育的未來方向》一書，以闡述自己的教育理念。在其中他寄望學生可以自由自在地學習，並且為個人的決定負責，教師則做為學習的輔助者，提供學生無所匱乏的學習情境。英國的「夏山學校」和臺灣的「森林小學」，便是此類「人本教育」的典型。

人本心理學對「發展」問題有何裨益？我認為最佳銜接處正是吉莉根的關懷倫理學。吉莉根在她1982年的成名作《不同的聲音——心理學理論與婦女發展》中提及，她從艾瑞克森的心理社會發展理論中，學到了「**人們的生活不能脫離歷史社會脈絡**」的道理。於是她嘗試傾聽女性的心路歷程，終於聽到不同的聲音。這種聲音告訴大家，女性有可能為了維繫與他人的關係而自我犧牲，這與男性追求個人自律與公平正義的用心並非同調的。吉莉根的發現係針對郭爾堡的道德發展理論而來，結果卻對性別差異的探討產生深遠影響。提倡關懷倫理學的學者除了吉莉根之外，還有另一位教育學家諾丁，她在1995年所著《教育哲學》一書中，表示自己相當認同存在主義。關懷倫理學通過存在主義，可以跟人文主義、人本心理學找到交會點，到頭來更能夠同儒家思想對話，為建構「華人教育學」作出貢獻。

人本心理學對「差異」問題的啟發，多少體現在諾丁的關懷倫理學之中。諾丁認為在關懷倫理學內佔中心地位的乃是道

德教育。道德教育放大來看便是倫理教育及人生教育，相對於此的則爲發掘宇宙世界眞相的知識教育。前章曾提及，本書認同「從人生看宇宙」的教育途徑，從而肯定「通過人生教育來指引知識教育」的大方向。臺灣近年由官方所推動的「生命教育」，主張以生命教育做爲整個教育活動的核心價值，可說是同樣的意思。事實上，倫理優位的考量，正是赫爾巴特所強調「由倫理學來決定教育目的」看法的落實。除此之外，諾丁也特別看重「多元文化教育」，她指出這乃是道德教育的延伸。在尊重多元的氛圍中，不同族群可以用對話來代替對抗。後現代的特色正是「肯定多元、尊重差異」，唯有如此，教育方能走向有容乃大的海闊天空境地。

　　人本心理學應用於「學習」問題中，主要體現在建構主義觀點中，強調認知和情感過程。建構主義相信個體是主動學習者，必須爲自己建構知識；爲了深入理解學習材料，學習者必須通過自己的思維，重新發現與學習對象相關的基本原理。這種學習方法涉及將對象重新建構，相當程度上肯定了人心的主觀能動性，其深厚的哲學基礎實源自人的主體性。只是當教師在課堂上實施建構式教學時，未能深入把握其中奧義，常會讓學生及家長感到「多此一舉」。像臺灣有一陣子建構式數學大行其道，施教者和學習者卻都沒有體認到其中主動學習的重要，反倒予人「捨簡就繁」之感。比方說九九乘法不應靠背誦，而是要用實例一道道加總上去；倘若連老師都摸不清楚這種教法所蘊涵的人本精神，當然會弄巧成拙而怨聲載道了。

3.4. 討　論

　　心理學是一門古老的西方學問，原本屬於哲學的分支，早在「希臘三哲」時代就被充分討論，但是直到十九世紀末才邁入科學之林，之前兩千三百年可以統歸爲「哲學的心理學」時期。「哲學的心理學」研究對象從靈魂、精神、心靈、意識一路變遷；事實上，「心理學」的原意即是「研究靈魂的學問」，只是後人覺得靈魂的宗教意味太重，乃改爲探究心靈或意識現象。從「哲學的心理學」轉變爲「科學的心理學」之後，起初心理學家關注的焦點還是意識；但是越發覺得內省的意識難以捉摸，便逐漸看重外顯的行爲了。美國文化實事求是，行爲主義根植於美國的土壤中並不令人意外，連實用的精神分析在美國大紅大紫也不難想像，倒是帶有哲學色彩的人本心理學會在美國開花結果值得推敲其意義。像存在主義這樣的思潮，原本興起於二戰前的歐陸，卻在六〇年代倡行於美國，九〇年代再度復興，不免耐人尋味。

　　所謂「物極必反」，「科學的心理學」走到後來竟成爲「沒有心的心理學」，而精神分析則主要針對異常心理而發，此刻相信「人性本善」的人本心理學異軍突起，仍然有其脈絡可循。上述情況是指學院門牆內的心理學而言，至於應用層面的教育心理學，因爲主要對焦於「學習」問題，雖然同樣爲反對行爲主義稱霸的局面，一開始卻沒有高唱人本大調，反而在精神分析和存在主義之外，找到同樣來自歐陸的完形心理學做爲活水源頭，走出了認知學派的大道。提倡完形心理學的幾位德國學

者，因避戰禍紛紛移民美國，也爲美國心理學界注入了新血。站在「科學的心理學」一邊的認知學派，雖然繞過了行爲學派，回返馮特看重內省意識的傳統，但仍屬不折不扣的科學觀點：人文關懷在其中充其量只是附帶議題，這可由美國教育心理學課本對人本思潮蜻蜓點水式的一筆帶過可見端倪。

眞正「華人教育學」意義下的「華人教育心理學」，必須走向完全不同的道路。雖然目前各地華人社會都實施西式教育，但是對於教育心理學的教學與研究，卻不一定要唯美國馬首是瞻。本書無意否定西方思想學術的貢獻，但希望讀者跳出既有窠臼，主動尋求建構局部知識的可能。我心目中的局部知識即是適用於華人社會的知識，如今光是兩岸四地華人便超過全球人口五分之一，沒有理由不走出自己的路。尤其當「全球化」的呼聲主要指向「美國化」的時候，教育「本土化」更應該成爲「多元文化教育」的迫切議題。多元文化教育的精神便是「揚棄獨尊、肯定多元」，在步入後現代的今天，華人心目中不應該再有「核心—邊陲」、「主流—另類」的區分，一如王岳川所言，我們需要重新「發現東方」；在東方的國度裏高舉「中體外用」的大旗，快樂地學習。

標榜「中體外用」並非盲目的民族本位主義，而是愼思下的主體之彰顯。教育乃百年樹人大計，西化的形式不見得一定要充斥同樣西化的內涵。像教育心理學如此西化的學科，我們還是可以從西方觀點中找到與中國思想交會之處，關懷倫理學與儒家的仁愛學說便有對話的可能。像前章提到教育學者方志華曾列舉二者之間的六項對比，在此討論心理學之際，仍然值得大家正視：皆以情意做爲道德的基礎、皆重視人際的關係脈絡、皆是在人際關係中肯定道德人格的發展、皆重視發自內在

的主觀情意力量、皆重視學習的自由與悅樂、皆在培養道德成熟的性情中人。她並指出諾丁的關懷教育觀，是希望藉教育的力量，去保存並加強人性中溫柔敦厚的潛在面向，以情意做為道德實踐的發動基礎。關懷情意稍縱即逝，需要通過教育積極培養，這正是自然主義教育觀力有所不逮之處。

著有《愛彌兒》一書、提倡自然主義教育的法國哲學家盧梭（Jean-Jacques Rousseau, 1712-1778），通這部小說體裁的作品，系統地闡述了他的自然式教育理念，其中包括有教育心理學的四大主題：發展、差異、學習、教學。這種教育觀必定不贊成採用時下「科學的心理學」取向的教育心理學論述，去建構教育學的心理面向；他所堅持的乃是一種「性善」的人性論，而「人性論」正是「中國心理學」的主要途徑。中國心理學一如中國哲學，不是在華人社會內討論的西式心理觀，而是源生於本土、適用於華人的「中國人性論」，其中又以古典儒道二家的孔子、孟子、荀子；楊子、老子、莊子六人的學說為核心。簡單地說，儒家屬於中國人文主義，道家則為中國自然主義，本書主張將二者融匯貫通為「儒陽道陰、儒顯道隱、儒表道裏」之「中國人文自然主義」下的「後現代儒道家」。

儒家要求「內聖外王」，道家主張「自然無為」，融匯貫通後的教育成果，便是培養出「進退自如、收放自如；有為有守、無過與不及」的「知識分子生活家」。「知識分子」的特徵不是引經據典滿腹學問，而是由衷而生關懷之情，「家事、國事、天下事，事事關心」。教育的最終目的便是教出一個個「知識分子生活家」，他們不但能夠光明正大地處事，還可以澹泊明志地做人。這是「社會倫理學」和「生活美學」的結合，教育的重點於是落在德育和美育上。智育的學習則是為了滿足德育

和美育的需求，當然一個人得以頂天立地，還需要體育的身心鍛鍊。大陸講「德、智、體、美」四育並重，是在集體主義實踐下，融群育於德育之中；臺灣則流行個人主義，因此要加上群育。無論是四育還是五育並重，從「中國人性論」意義下的教育心理學出發，方能真正做到因材施教、有教無類。

再　思

1. 教育學追隨心理學的路線而成長，結果演變為「教育科學」，請考察其中的來龍去脈。
2. 請進一步查閱文獻，瞭解皮亞傑、艾瑞克森、郭爾堡等人的心理發展理論。
3. 加納的「多元智能」學說，是否已被有效地應用於華人社會教育改革大計中？請加以反思與評論。
4. 「建構式數學」的提倡，在臺灣曾引起正反兩面極端的評價，請說明其優缺點。
5. 何謂「稱職教師」和「優質學生」？如何將師生培養成為教與學的「專家」？
6. 請闡述關懷倫理學理念背後的性別意識。

心靈會客室

心理學與哲學

　　我愛哲學，也嚮往心理學；考大學時，哲學系和教育心理系是我的理想志願，結果差了一個志願未上教心系而進入哲學系。哲學系必修心理學，我唸得很有興趣，決定鍥而不捨轉到教心系，偏偏又因為大一國文成績差一分未轉成。這時候我對科學充滿了狂熱，便選擇生物系當輔系，同時也跑去教心系修課。大學時代就這麼重量不重質、在多不在精地選了一大堆哲學以外課程，進行我所謂「知識大旅行式」的自我教育。畢業時共修了一百八十一個學分，足足比基本的一百二十八學分多出五十三學分，但是成績並不怎麼好看。那時候只想餵飽自己的求知欲，滿足做「雜家」的博學念頭，不曾對所學專精。逐漸開始深入思考問題是上哲學研究所以後的事；碩士班研究心理學和生物學的哲學問題，博士班涉足物理學哲學，升教授作醫學與護理學哲學的論文，目前則探討教育學哲學。三十多年的學問生涯，幾乎可說不斷在從事「人文與科學對話」。

　　心理學確實是我年輕時代的夢想，我甚至曾經去美國唸了一學期心理系，但是到頭來仍重回哲學懷抱。我終於認清自己適合做「哲學工作者」而非「科學家」，因為我喜歡「說理」勝於「實作」。從個別差異的觀點看，年過半百的自己，還是走哲學的路比較有把握並且勝任。不過這時候我卻浮現另一種想法：傳統的哲學不是無所不包嗎？後

現代的哲學有沒有可能重現這種境界？長期以來，我一直欣賞哲學的博雜而非專精；我無法也不願成為「哲學家」，更不用說其他所謂「學者專家」。十年前一腳踩進「生死學」領域，開始只不過是趕時髦、湊熱鬧，沒想到後來這門新興學科竟然滿足了我對後現代的哲學之期望：博雜、統整、交叉，還有就是容易引起人們的好奇心。生死學近年跟生命教育結合，有助於轉化為人生哲學而發揚光大，這可說是我今後努力的方向。

透過生死學我接觸到應用心理學範圍內的悲傷輔導，身邊周遭許多學者專家都對它寄予厚望，但是有一回我聽心理學家黃光國提及，在地震災區民俗療法往往比心理復健及悲傷輔導來得有效，使我不得不正視西方知識「本土化」的問題。這幾年由於涉足教育學，再度引起我對教育哲學和教育心理學「本土化」的反思。大量的西方理論一股腦兒潑灑在東方文化的土壤上，有沒有可能充分滋潤、灌溉我們的民族幼苗？而教出來的孩子又對民族文化有幾分認識？年歲日長，我這個長期受「西學」薰陶的東方人，不禁感到幾分隱憂。哲學本土化不是在本土教西方的哲學，而是重拾本土哲學的慧命。同樣道理，本土心理學除了轉化西學為本土所用外，必須在本土文化中掘出一道道活水源頭，方能讓學問生命和社會實踐的命脈源源不絕。

教育社會學

4.1. 問　題

　　社會學與心理學經常被人們相提並論；前者檢視群體，後者關心個體。心理學考察人心，稱「心理學」理所當然；社會學探討人群，稱「群學」亦不為過。事實上，創立於1838年的社會學傳入中國後，使用的譯名正是「群學」。1903年嚴復（1854-1921）翻譯英國哲學家史賓塞（Herbert Spencer, 1820-1903）的論著《群學肄言》，正是中國第一部社會學著作。社會學為法國哲學家孔德所創，至於由社會學衍生的教育社會學，則肇始於美國社會學家華德（L. F. Ward, 1841-1913）在1883年所出版的《社會動力學》一書中。廣義教育社會學可以分為哲學性規範的「教育的社會學」和科學性驗證的狹義「教育社會學」兩種，前者偏教育學，後者屬社會學；由於教育學一開始僅以哲學和心理學為基礎，「教育的社會學」多少是為將教育學的內涵擴充至社會學所作的努力。到如今廣義教育社會學在教育學中的功能，早已走向更為海闊天空的境地。

　　社會學研究的對象為社會，中文「社」字原指土地，引申包括其上的人群；雖然在宋代即出現「社會」一辭，但是中國其實到了相當晚近才形成具有西方意義的社會。西方意義的社會有強與弱兩個極端；強的意義下的社會決定了個人的一切，人人均被社會化；弱的意義下的社會則僅做為個人生活的背景而存在，人的主體性和意向性才是決定性因素。這兩種意義可能出現在極端社會主義或個人主義的不同型態社會內，但是在人們現實生活中，這些極端社會型態幾乎不存在。換言之，一

般型態的社會既可做爲生活背景，又帶有幾分支配力量。放在教育的脈絡裏面看，宏觀的教育反映出各式社會背景，也不斷被社會形塑；微觀的教育則開創了各種小型社會，更持續在進行自我改造。從宏觀和微觀兩方面契入，可以找出教育社會學的四項主題：社會化、社會結構、社會變遷，以及學校社會。

「社會化」是指個人逐漸學習所處社會行爲模式的過程，同時也是個體與群體交流而逐漸接受社會規範的過程。從教育社會學立場看，兒童發展正是社會化過程，因此教育社會學的重要功能之一，便是協調各方面的資源與因素，開創良好環境以促進兒童順利社會化。社會化的條件有三：個人稟賦、社會活動，以及前二者的互動機會；至於社會化的途徑大致有四：社會賞罰、正規教育、相互模仿、彼此認同。個人在社會化過程中，最常受到家庭、學校、同儕團體三種社會單位的影響；當三方面的影響產生衝突之際，就會形成有問題的人格特徵。此外一個人所屬的政治、經濟、社會、宗教團體，以及其所接受訊息的傳播媒體等，都具有潛移默化的社會化作用。教師在進行教育實踐時，必須盡可能將種種影響學生社會化的因素納入考量。

「社會結構」可視爲社會各部分因素構成一個整體的方式，與一個社會教育實踐關係較爲密切的社會結構，包括經濟體制、政治組織、社會階層、文化型態等。教育和經濟體制的主要關聯，繫於教育提供學生一技之長以從事經濟生產；當人類經濟結構由農業轉型爲工業再演變爲後工業社會時，由教育所培訓的人才也必須符合知識經濟的要求。教育與政治組織的關聯，一方面有政府興辦教育並且進行實質控管和意識型態灌輸等，一方面則有學生通過教育管道認識世界導致眼界日開及形

成改革力量等。教育與社會階層也有關聯，因爲社會階層包含社會階級，一名學生的社會階級與背景，不但影響其人格發展，更涉及受教育的機會。而教育與文化型態的關聯同樣有兩端，即文化具有非正式教育的作用，但是教育也可以回頭形塑各種文化內涵。

　　創立社會學的哲學家孔德相當推崇科學，其學說表現爲最具「科學的哲學」色彩的實證主義。孔德心目中的社會學，其實原本稱爲「社會物理學」；因爲在十九世紀前期物理學的內容仍以古典力學爲主，所以他把社會物理學分爲「社會靜力學」和「社會動力學」兩部分，這種區分多少反映在今日討論「社會結構」與「社會變遷」的差別上。社會發展係循著「變遷─解組─重組─再變遷」的過程而演變；當社會變遷是漸次的，教育則會出現些微調整；一旦出現劇烈變遷，教育也隨之重構；前者屬於教育改革，後者則見於改朝換代之際。此外二十世紀曾經出現一項大規模的全球性社會變遷方向，即是「現代化運動」，其與教育的關聯，一是如何通過教育加速現代化，再者爲如何透過教育來解決現代化的流弊與後遺症。如今雖然已逐漸邁入後現代，但是現代化的問題卻依然存在。

　　最後論及「學校社會」，宏觀的社會不斷影響及教育活動，而做爲正規教育活動主要場所的學校及其體制，本身也構成一套微觀的社會論述，它涉及的範圍包括「學校與班級」、「教師與學生」、「課程與教學」等三組關係；其中第一組關係屬於社會組織，第二組反映社會角色，第三組則體現社會活動。由於正規教育是領有證書的教師所從事的專業活動，其執行專業所在即爲班級的課堂教室，而學校本身則屬行政系統，以至於學校與班級有可能出現行政與專業之間的衝突。事實上，教師不

僅和行政人員立場互異，跟學生也不見得始終融洽相處，這些都足以構成微觀教育社會學的考察課題。而在課程與教學方面，後現代式的知識建構，使學生也有機會在這些方面採取主動，同樣也會因為師生觀點的差異而出現衝突。在接下去的一節裏，「衝突論」將是西方社會學的三大觀點之一。

4.2. 觀　點

　　早年哲學性的「教育的社會學」看重教育學的社會面向，如今科學性的「教育社會學」則反映社會學的教育面向；因此雖然本書把教育社會學視為教育學的分支學科，但是它實際上已形成為一門獨立學科。美國早在1916年即成立此門學系，臺灣則在1997年出現同名碩士班。教育社會學既然追隨社會學路線，因此連理論學派也大致相同，最常被提及的有三大學派：功能論、衝突論、詮釋論；其中「功能論」又稱為「和諧論」，與「衝突論」共同組成社會學的「結構典範」，與此相對的則是「詮釋論」所彰顯的「詮釋典範」。功能論由孔德和史賓塞開其端，法國社會學家涂爾幹（Emilé Durkheim, 1858-1917）集其大成；此一學派認為社會結構的功能為創造社群和諧。其中教育的功能則是引領學生逐漸社會化，為未來的社會穩定作出貢獻；至於其實際作法則包括因材施教和唯才是用。

　　和心理學的情況類似，現今社會學的發展同樣以美國最為蓬勃。美國的社會學早期也是從歐洲引入，畢竟社會學乃是在法國創立。但是由於轉譯的延宕，美國人反而容易從英國的史賓塞身上受惠較多。史賓塞跟孔德一樣推崇經驗性的實證科

學，與實事求是的美國文化相互呼應，使得功能論在美國壟斷社會學長達半世紀以上，直到一九六〇年代才遭到衝突論的挑戰，原因竟然是學生運動。六〇年代學生運動在全球風起雲湧，美國大學生的反戰罷課、法國大學生的「五月革命」，甚至中國大陸到處造反的紅衛兵等現象，皆使得功能論無法自圓其說而大受質疑。不過功能論的真正問題乃是其所抱持的社會決定論，認為人的一切皆受到社會限制，毫無自由可言。若以此觀點去看待教育，不免把學生視為需要被改造的一群，即使因材施教也是針對社會所需，而非為了自我實現。

衝突論乃是主張社會和諧的功能論之相對觀點，但是二者異中存同，都可歸於「結構典範」，亦即認定社會結構決定個人行為。倘若功能論相信社會和諧是一種樂觀看法，則衝突論則抱持「社會充滿矛盾且不免衝突」的悲觀看法。衝突論的思想根源來自德國哲學家馬克思和社會學家韋伯（Max Weber, 1864-1920）：前者認為由經濟因素而生的階級衝突與鬥爭是社會變遷的主因，後者則發現在經濟因素之外更有思想和文化因素同樣會產生重大影響力。馬克思和韋伯的思想，在一九六〇年代以後的教育社會學之中，形成了「新馬克思主義」和「新韋伯主義」：前者以馬克思的再生產理論來批判後來的資本主義教育體制，後者則把韋伯視文化與社會相互依存的觀點引進對於學校社會的分析。相對於功能論肯定和諧、共識、合作等概念，衝突論寧可運用衝突、鬥爭、反抗等概念，二者背後無疑具有不同的善惡人性觀。

西方的社會學家看見了兩種不同的人類勞動分工體系，一種代表理想中性善的一面，另一種則代表現實中性惡的一面。相信性善觀的學者主張用和平漸進的方式改革社會，而相信性

惡的學者則發現不從事激烈的革命不足以促使社會更新。落實
於對學校教育的考察，功能論希望安頓學校的教化功能，以增
進社會和諧；衝突論則看見學生被社會化其實是在培養順民，
因此顛覆既有體制，重新界定教育的任務。有破才有立，大破
而後大立，衝突論是針對功能論而發，具有修正和創新的意
義。然而功能論也並非一無可取，至少它在美國稱霸半個世
紀，集結了許多優秀社會學家，將社會學開發成為一門成熟的
社會科學學科。而馬克思主義正如孫中山所言，可視為「社會
病理學」，對針砭各種社會病徵固然有所啟發，但不一定適用於
常態。

　　教育社會學從「**結構典範**」轉移至「**詮釋典範**」，意味著觀
念上的突破；前者肯定「**社會決定個人**」，後者則強調「**個人足
以改造社會**」。社會學理論一旦著眼於個人，其思想便可能與心
理學同調；事實上，詮釋論所認同的哲學思潮為現象學，而現
象學正是人本心理學的根源之一。簡單地說，詮釋典範相信事
在人為，因此把教育的焦點放在微觀的學校及班級之內，注重
教師和學生的言行，以及課程與教學的內容。這種著眼上的不
同，使得詮釋論一系觀點被貼上「新教育社會學」的標籤，其
流派除現象學之外，尚有符號互動論和俗民方法學二支，大多
研究課堂學習和師生相處等學校社會中的意義問題。對照於教
育社會學的四大議題：社會化、社會結構、社會變遷、學校社
會，可以發現功能論關心前二者，衝突論善於處理變遷問題，
詮釋論則多談學校社會。

　　詮釋論不認同主流社會學把人視為「文化傀儡」的觀點，
而主張個人能夠主動參與各種生活情境，並賦予其意義。但是
這種「新教育社會學」雖然強調意義的重要性，卻無法進一步

解釋意義的來源；這便使得微觀的考察，需要放在更大的宏觀脈絡內，方能如實呈現出意義的背景。這也讓人們體會出，教育社會學應該對於「教育」與「社會」二者無所偏廢，始能窺其全貌。而在「新教育社會學」的微觀取向下，與之相關的尚有「知識社會學」和「科學社會學」等議題。一如微觀教育社會學注重學校教育及師生教學的社會意涵，知識社會學則探討人類知識生產的社會意涵；至於範圍更窄的科學社會學，則對科學家從事科學知識生產的過程進行社會分析。由於科學社會學屬於本書所採用的科學學視角三門分支之一，因此本章也可視爲是對教育知識所作的科學社會學分析。

4.3. 反　　思

　　創始於十九世紀的社會學，在當時無疑具有高度時代意義，甚至因此發展出能與自然科學分庭抗禮的新興知識領域——社會科學；幾乎就在同一時代，對後世影響深遠的社會主義也應運而生。「社會學」、「社會科學」、「社會主義」皆以「社會」爲名，也的確都曾盛極一時，卻也意外受到盛名之累。一九五〇年代美國因韓戰與共產國家交惡，而共產國家無不標榜「社會主義」；當時美國人極力排斥社會主義，竟連帶波及社會學和社會科學。結果是社會學爲之沉寂，社會科學則改稱爲較爲中性的「行爲科學」。雖然後來「社會科學」恢復名譽，但是「行爲科學」之說並未消失，乃專指研究人類行爲的心理學、社會學、人類學三門學科。在此意義下，教育心理學、教育社會學，以及更爲新穎的教育人類學，理當視之爲一系「教

育行爲科學」。

行爲科學出現於美國並非偶然，前章曾提及美國心理學第一勢力即是行爲主義學派；行爲主義看重外顯行爲且忽略內心感受，從而符合科學性量化研究的方法需求。流風所及，心理學的行爲主義逐漸擴散影響到其他社會科學學科，性質上與心理學呈現互補之勢的社會學自不例外。心理學及社會學由於研究跟我們同質性較高的西化社會中的個體與群體，二者皆著眼於外顯行爲並不令人覺得意外，社會學功能論的量化取向便與心理學同調。倒是研究非西方的異文化社會的人類學，因爲必須設身處地始能理解其中意義，反倒發展出許多另類的質性研究方法。至於社會學詮釋論與人類學質性方法的精神有所呼應，乃是經過典範轉移後的結果。教育社會學倘若要對教育的主體——教師與學生，擁有更深一層的瞭解，則這種由科學向人文靠攏的努力，乃是不可或缺的。

對教育社會學從事後現代「新科學哲學」的反思，可以找到較適合的對話對象，無疑是詮釋論「新教育社會學」，尤其是其中的「教育知識社會學」。此一觀點把考察重心放在課程與教學方面，視課程爲不斷創新而非既有現成的；換言之，課程乃是建構的而非取用的。教育社會學者據此把探究對象從課程目標轉移到教育知識上，通過對教育知識的社會建構之瞭解，進行篩選、確認與評價。但這只是第一步，接下去要觀察的乃是如何把適當的教育知識落實到課堂教學中，經由師生相互切磋而完成教學。有人批評這種進路忽略了宏觀社會對於課程發展的影響，不過新教育社會學原本就走在微觀的途徑上，並且相信事在人爲，個體有可能突破社會性的限制，在實際的教育現場走出海闊天空的大道。

　　然而教育社會學畢竟不是教育心理學，不能只把視野放在個體身上，否則就不成其為社會性的研究了。我常在想：人既**然無逃於天地之間，就應該學會如何頂天立地**；希望成為教師的人，更應該把這個道理傳授給下一代。如今「天地之間」大約即等於我們每一個人所生存的社會，社會中充滿著各式各樣的人，人與人相處之道屬於倫理學範圍，而說明人群如何在社會中生活乃構成社會學，教育社會學則專注於社會生活中的教育活動。前面曾提及，教育社會學的演變是從哲學性規範的「教育的社會學」，走向科學性驗證的「教育社會學」。由此可見，「教育的社會學」其實有機會可以跟同樣具有規範意義的關懷倫理學產生交點。然而問題並非如此簡單，因為「教育的社會學」追隨的乃是實證式「科學的哲學」之價值觀，必須轉化為「後科學的哲學」取向，方能跟關懷倫理學有效對話。

　　「後科學」具有「後設於科學」以及「對科學加以反思和批判」兩重意思，但絕非無視於或看輕科學。事實上，西方科學原本即屬於哲學的一支，亦即「自然哲學」；像牛頓討論古典力學的物理學著作，便是以《自然哲學的數學原理》為名。而當自然哲學通過觀察實驗及數學方法轉化為自然科學後，不但像哲學一樣可以「說明」過去曾經發生的事實，更足以「預測」未來可能發生的情況；光是這一點，就讓當時的哲學家為之折服，像康德（Immanuel Kant, 1724-1804）即對牛頓（Isaac Newton, 1642-1727）的成就十分欣賞。十七世紀的「科學革命」使科學躍登文明舞臺並成為主角，其後三百年人類生活日漸受其影響；科學不但控制了自然，也改造了人類。十九世紀時孔德想發展「社會物理學」，並視之為最高層次的知識。孔德以後社會學家多把社會活動當做物理現象來研究，直到一九七○年

代始朝向哲學回歸。

　　七〇年代社會學向哲學回歸與六〇年代心理學向哲學回歸的情形類似，不是重返哲學懷抱，而是借用哲學方法，尤其是現象學方法。現象學是在德國哲學家胡賽爾（Edmund Husserl, 1859-1938）手上發揚光大的，它的核心概念乃是意識的「意向性」。諾丁曾舉「關懷」現象爲例，現象學要追問的是：當我在關懷別人的時候，我的意識狀態爲何？一旦我發現自己內心有一種「必須如此」的意向，關懷便會付諸行動。這正是爲外在行爲賦予內在意義的過程，絕非心理學行爲主義或社會學功能論足以窮究，反倒是現象學得以爲功。現象學走進人心主觀世界，曾經被視爲「不科學」的代表，後來卻被用來探究科學力有所不逮的議題。心理學和社會學的主題都是「人」，而科學與哲學也都關注「人」；社會科學研究使用哲學方法並不爲過，不但社會學有權如此作，教育學更應該以多元方法來改善教育實踐。

4.4. 討　論

　　本書走筆至此，已是第一篇四章中最末一節，因此我打算就整篇寫作的意義作一番討論，再順此對本章加以小結。《教育學是什麼》的寫作初衷是爲社會大眾提供一種自學入門書，方向類似師資培育課程中「教育學概論」一科用書；但是我自忖本書不應被定位爲體制內的教科書，因此將其轉化爲具有應用哲學性質的教育學論著。應用哲學一如應用科學，屬於「**解決問題**」的學問；此外應用哲學更希望擺脫既有哲學談玄說理

的性質，而走向「釐清問題」的途徑。事實上，我在本書中一方面正是希望藉由應用哲學釐清「教育學是什麼」，另一方面則提倡建構以應用哲學為基礎的「華人教育學」局部知識。「**建構局部知識**」是我的知識學立場，「**中體外用論**」當作方法學指引，「**概念分析及意義詮釋**」則為本書一貫寫作方法。

　　哲學原本探究宇宙與人生二端，如今宇宙一端多已交由科學去操心了。許多人一看見「宇宙」二字便聯想到天文現象方面去，雖然大致不差，卻顯得太過遙遠。事實上「宇宙」指的乃是「上下四方與古往今來」，亦即由「空間和時間」所組成的「世界」，也可以稱為「天地」。「天、人、地」謂之「三才」，人既無逃於天地之間，就必須學會如何頂天立地；其立場理應為「從人生看宇宙」，而非「從宇宙看人生」。人文學與社會科學皆關注「人」，其中社會科學由於模仿自然科學，不免走上自然科學「從宇宙看人生」的途徑，過去一百五十年所出現的「科學的」心理學和社會學正是最佳例證。有意思的是，一九六〇、七〇年代應運而生的人本心理學和詮釋社會學，卻有心回歸哲學方法和路線，亦即「從人生看宇宙」。

　　心理學和社會學都希望開展社會科學知識，但是過去社會科學在仿效自然科學的模式下運作，不免自我窄化；今後是到了重拾人本關懷和重建人文精神的時候了。現今「英美傳統」是將自然科學、社會科學、人文學三分，但是十九世紀以降的「歐陸傳統」卻只有自然科學與精神科學二分；英美傳統下的「科學」是窄化的實證科學，歐陸傳統下的「科學」則泛指一切學問知識。歐陸傳統所提出更重要的分別，乃是自然科學與精神科學實為截然二分的知識系統，必須用完全不同的方法契入。自然科學用「經驗實證」方法，精神科學用「體驗詮釋」

方法，二者不應混淆。「精神科學」又稱爲「人文科學」，包含人文學與社會科學在內，我在第二章所提到的加拿大教育學家范梅南，即主張通過對生活體驗的研究，去建構人文科學意義下的教育學。

　　歐陸傳統下「人文科學的教育學」與英美傳統下「社會科學的教育學」實大異其趣，兩岸四地華人世界近年皆走在後者的道路上，本書嘗試從追隨前者的精神中，進一步走出「華人教育學」的知識與實踐途徑。「華人教育學」以人文科學中的應用哲學爲依歸，通過「後現代儒道家●」的「中國人生哲學」視角，從事教育方面的生活體驗研究。范梅南認爲教育的意義不易捉摸，但是大家還是可以通過與人文科學著作的文本展開對話而把握教育的意義。他建議人們多閱讀哲學著作，例如古代的柏拉圖與後現代的傅柯（Michel Foucault, 1926-1984）之論著。而在「多元文化教育」的鼓舞下，我也建議華人讀者應該盡量體會古典儒道二家思想的微言大意，進而與後現代的關懷倫理學展開心智對話，以自行建構屬於個人的「後現代儒道家」思想，並且立志成爲「知識分子生活家」。

　　本書提倡人文科學取向的「華人教育學」，並無意否定實證科學取向的「教育科學」之貢獻，而是將之納入「中體外用」的方法學綱領中妥善運用。「中體外用」的核心價值乃是以「後科學人文自然主義」爲基調的「後現代儒道家」人生觀，自此一「中體」直指華人生活體驗，可以充分建構微觀的「華人教育學」。至於宏觀部分，大可在「外用」方面盡量發揮。由於指引教育學目的之學問是哲學中的倫理學，而倫理學始終存在著「原則主義」與「脈絡主義」的爭議；前者主張「依原則行事」，後者強調「看情況而定」。事實上，重原則和看脈絡並不

一定要衝突對立，反而可以相輔相成。我對此的建議是「大處著眼，小處著手」；宏觀的政策制度面考量大原則，微觀的生活情境面則注重小脈絡。以此回頭來考察本章所提出的教育社會學各項議題便饒富意義。

社會化、社會結構、社會變遷等，原本即是宏觀社會學的重要議題，它不但可用以討論教育，更觸及極易引起偏見的階級、種族、性別等方面，此外也與經濟、政治、宗教、傳播、醫療、生態等面向有所關聯，此時採用比較客觀的科學方法進行探究，多少可以形成完整的宏觀論述。但是我們必須瞭解，社會科學學科並非單一典範可以獨當一面的。像美國的社會學雖然有功能論長期獨霸，但終究會出現衝突論與之抗衡。由此可見社會科學知識並非沒有爭議，因此需要通過科學學對之加以反思與批判。本書探討「教育學是什麼」，我正是從科學學視角、通過應用哲學觀點來對此尋求解答。像本章所發現的「學校社會」微觀議題，係針對教育現場的教師與學生互動而發，與在地脈絡息息相關，適足以通過應用哲學予以釐清。

再　思

1. 社會學又稱為「群學」，係研究人類群體的學問，請問它是如何被應用於教育領域的？

2. 想想看你自己可曾在「社會化」過程中出現「反社會化」想法與作法？為什麼？

3. 嘗試用「功能論」和「衝突論」兩種不同觀點，來解讀近年的教育改革種種措施。

4. 請闡述教育社會學中「結構典範」與「詮釋典範」並行不悖
   的意義。

5. 請查閱文獻，舉例說明社會科學模仿自然科學的來龍去脈，
   並加以評論。

6. 倫理學內「原則主義」與「脈絡主義」的爭議，最常見於醫
   療活動的生死抉擇中，請對此加以反思。

我的社會化

　　人生行過半百，我自忖個人社會化的歷程，大致可以
歸結為一句話：在社會化與反社會化的張力之間載浮載
沉。反思自己的人格特質，「過度自覺」是優點也是缺
點；優點為感受敏銳深刻，缺點則為容易患得患失。回想
年輕歲月，十五歲以前懵懵懂懂，也就隨俗地與一般中學
生同樣社會化，為升學考試而奮鬥。十五至二十歲之間則
出現高度反社會化的情形，結果是高中時代混了五年，足
足比別人多花兩年才進入大學，而大學又堅持只唸哲學系
或教心系，這些都是一般人眼中比較「怪」的科系。自從
我考上哲學系，就注定這一生的非社會化傾向。老實說，
當年我從未考慮過前途事業和出路，只顧一個勁兒生吞活
剝地猛修課和讀雜書，真是所謂「好讀書不求甚解」，沒想
到這種「雜家」性格至今有增無減。

　　由於個人「自我」強烈作祟，我對與「社會」有關的
概念始終不太在意。心理學在我看來不是社會科學而屬自

然科學,我甚至選修生物學作輔系。也許讓我唯一感到興趣的「社會」議題乃是社會主義。受到孫中山思想的影響,我相信社會主義代表公平正義,至今我仍對政府未能澈底實施「漲價歸公」的三民主義土地政策,導致房地產價格飆漲,令我背負二十年沉重房貸而耿耿於懷。諷刺的是,當我三十五歲拿到哲學博士後,找到的頭一份正式工作竟是到商專教「國父思想」。商專主要的課程都是資本主義產物,教學則屬於典型社會化過程。身處其中,我不但找不到非社會化的知音,更基於職務需要,汲汲營營地去讀了三年企業管理研究所。年輕時從未想過自己會學商,由反社會化走向社會化,驀然回首,竟驚覺自己已是一介面目可憎的中產階級。

中產階級的另一項表徵即是中階經理人。我在大學服務,由於人文背景的邊緣化身分,使我不易成為專業性教師,而必須進入行政系統兼職以求安頓,沒想到這竟是人生中最令人不安的際遇。十七年正式教師生涯有九年半的行政經歷,擔任的還是組織內的中高階經理人角色。偏偏我天生不喜歡管人,更不喜歡被人管,結果幹行政不是被撤職便是掛冠求去。好在近年我廁身教育系所,無人聞問,專心教學著述,倒也樂得悠哉游哉。算算離強迫退休還有十三年,心想倘若能就這麼平平淡淡走完一生,與社會若即若離,也許是最妥當的存在抉擇罷!我慶幸身處的社會結構沒有大風大浪,社會變遷也得以讓我漸入佳境,而社會化與反社會化的自我竟也相安無事,剩下的就看我如何在學校社會中安身立命了。

第二篇

教育學為什麼

W h a t I s P e d a g o g y ?

5. 教育理則學

5.1. 問　題

　　本書屬於「華人應用哲學」取向的教育學入門書，由於書名為《教育學是什麼》，就不止討論「教育」，還得反思「教育學」。前面第一篇〈教育學有什麼〉介紹了做為教育學基本分支學科的內容，如今來到第二篇〈教育學為什麼〉則進一步通過哲學觀點考察教育學所為何來。哲學追求真、善、美，其分支學科至少包括理則學、形上學、知識學、倫理學、美學、宗教哲學、科學哲學等七門。其中理則學與哲學的關係，類似數學與科學的關係，係做為工具性的學問，而形上學、知識學、倫理學等三門則為哲學核心學科，本篇即取這四者來闡述「教育學為什麼」，也就是說明「教育學的目的為何」。兩百年前赫爾巴特主張以倫理學來決定教育的目的，如今我則嘗試以應用哲學來釐清教育學的目的。

　　哲學除了具有「解決問題」的功能外，還有「釐清問題」和「消除問題」的功能。其實「釐清問題」應該是第一步；問題需要先釐清，方能決定要加以解決還是消除。「消除問題」指的是問題問得不恰當，需要重新提問或是打消；例如問「人生意義為何」便顯得大而無當，而應改為「我的人生意義為何」以清楚聚焦。當然人生的確有些共通的意義與價值，卻只能泛泛而論。同樣情形，探問「教育目的為何」，只能說些大道理；但縮小範圍至「我從事教育活動的目的為何」，就有脈絡可循，不致流於空談。本書標幟出「華人應用哲學」取向，希望建構「華人教育學」，正是希望扣緊一定的時空脈絡來深入討論。由

於華人社會的教育實踐已經全盤西化，我就本著「中體外用論」
的方法學綱領，從西方觀點講起。

　　「理則學」又稱爲「邏輯」，前者爲孫中山的意譯，一目瞭
然，卻僅通用於臺灣；後者爲章士釗的音譯，筆劃繁多，但普
及於所有華人社會。教育理則學的基本問題有四項：概念分
析、批判思考、研究方法、方法學，這些都跟英美傳統的哲學
思維路數關係密切。英語國家在二戰後流行分析哲學和語言哲
學，講究日常語言分析，用在教育學範圍內就成爲「教育概念
分析」，經常被分析的概念包括：「教育」、「發展」、「課
程」、「教材」、「教導」、「學習」等。英美教育學者之所以轉
向對關鍵性的教育概念咬文嚼字，甚至吹毛求疵，正是因爲之
前的教育學者說了太多大而化之卻不切實際的道理，使得教育
實踐難以遵循。概念分析的好處是建立共識，彼此知道在討論
同一件事情；缺點則是可能走向見樹不見林的地步。事實上整
個分析哲學由盛而衰、趨於式微的原因，便是鑽牛角尖而流於
瑣碎，偏離了哲學「愛好智慧」的理想。

　　哲學的「釐清問題」功能自「概念分析」著手可謂恰當，
但是概念分析只是起步，接下去更要緊的乃是「批判思考」。近
年全球各地對教育活動都十分講究思考技巧，這包含兩種相輔
相成的思考方向：收斂式的「批判思考」和發散式的「創意思
考」，有時也稱爲「垂直思考」與「水平思考」。批判思考即是
看重邏輯的理性思考，著眼於事件的因果關係，它代表教育的
主要作用，亦即*教導孩子在現實世界中如何藉助推理而得以生
存並改善生活*。學校裏所教的課程多爲前人經驗與智慧的結
晶，「學習」在這層意義上其實就是一連串的批判思考。相對
於批判思考的則是創意思考，常被視爲「不按牌理出牌」的思

考。倘若批判思考之中充滿「牌理」，創意思考便屬於反其道而行，亦即盡量跳出條理的框架而讓思緒海闊天空地任意馳騁。這兩種思考技巧對學生都很重要，但是前者可以循序漸進地教，後者卻只能點到為止，而後運用之妙則存乎一心。

創意思考有許多入門書提供人們「領略」，在此就不多談，接下去把批判思考引申至學術工作的研究方法上面去。研究方法問題曾在第二章〈教育哲學〉內提及，而在本章加以深化。任何從事教育學研究的學者，都不能不先面對研究方法的問題。像我每年指導教育研究所碩士生寫論文，就要他們先確定自己要從事的是科學研究還是人文研究；倘若學生感興趣的是社會科學方面的議題，便進一步確定要走量化還是質性研究途徑；通常量化途徑有實驗、類實驗、非實驗三種研究方法，質性途徑則有紮根論、民族誌、現象學三種研究方法。至於人文研究則主要歸於教育史和教育哲學兩方面，其多半採用史學或哲學的文獻分析及詮釋方法，而與社會科學的經驗性研究有所差別。

研究方法、方法學、知識學是三個不同層級但息息相關的科學哲學問題，其中研究方法乃是「蒐集論據的技術」，方法學屬於「指引研究進行的理論與分析」，二者可以放在理則學之中討論；至於知識學為「有關知識的理論」，就留待後面第七章處理。前此曾提及，社會科學的方法學預設有英美傳統與歐陸傳統之分：英美傳統以模仿自然科學為主，量化成分濃厚，偏重演繹邏輯；歐陸傳統接近人文研究，走向質性方法，多採歸納邏輯。邏輯推論的過程，是由一些「前提」推導出「結論」。演繹法由普遍看個別，前提包含結論，屬於「必然推論」；歸納法由個別找普遍，匯聚前提得出結論，屬於「蓋然推論」。這有

點像原則主義和脈絡主義的相對性，像宏觀的教育政策理當是普遍性的大原則，而微觀的教育現場則屬於個別性的小脈絡，各以不同的方法學預設進行考察，方能深入其中有所瞭解。

5.2. 觀　點

　　西方理則學經過兩千多年的發展，至今主要呈現出三種形式：演繹法、歸納法、辯證法，以下分別就這三種邏輯方法的哲學面向和教育面向加以介紹。演繹法在希臘時期的亞里斯多德著作中討論甚多，最典型的是「三段證法」，例如大前提爲「所有人都會死」，小前提爲「張三是人」，可以有效推衍出結論「張三會死」等。「前提」與「結論」爲邏輯概念，討論起來不免抽象，但是我們每天都在使用這類推理，只是採用更爲口語的說法：「因爲……所以……」，其中「因爲」部分即是前提，「所以」部分則爲結論。問題是口語式表達不見得夠嚴謹，也就不一定構成有效推理。學習理則學的益處正是幫助人們自覺地反省到思考是否嚴謹、推論是否有效，也就是能夠符合「講理」的條件。

　　演繹法反映出人類思維的形式，可以完全不涉及現象事實，例如前述三段論法的大前提若改爲「所有的人都不會死」，此雖與事實不符，但推衍出結論「張三不會死」卻屬合理有效推論。大家由以上例證可能會聯想到，演繹法較適用於數學而非科學，事實上諾丁便相當肯定演繹邏輯對數學教育的貢獻。標準的演繹邏輯表現出一種「非眞即假」的擇善固執精神，這對教導學生「實事求是、無徵不信」的態度無疑具有正面意

義。但是我們也要深切瞭解到，世界不是只有事實「眞假」可言，還存在著「是非、善惡、對錯、好壞、美醜」等價值性的判斷。演繹邏輯對「現在是在下雨」之類「講理」命題可以有效分辨，卻無法進一步討論「我愛你」等「抒情」話語。引申來看，邏輯是否有助於情意教育，值得深入思考。

　　歸納法的歷史雖然同演繹法和辯證法一樣久遠，卻等到十七世紀以後才逐漸受人重視。十七世紀出現科學革命，從此以後自然科學與應用科技站上人類文明舞臺最醒目的位置。科學革命多少受到培根大力提倡歸納法的影響，因爲歸納法又稱作「**科學方法**」，是以實驗去證實理論眞確性的邏輯思考。而邏輯方法也在此形成前述的研究方法，像社會科學便講究歸納的科學方法，人文研究則採用演繹的思辨推理等。歸納法的程序與演繹法相反，是由許多個別觀察的命題推衍出普遍的結論，例如我們觀察一隻、兩隻、三隻烏鴉都是黑的，便得出「天下烏鴉一般黑」的結論；另外如「貨比三家不吃虧」，也是類似的經驗法則。歸納法也可以用「因爲……所以……」的形式表達，只是它的結論嚴謹度永遠不能夠跟演繹法相比，也因此波普並不認爲歸納法是有效的推理。

　　波普是從科學哲學的觀點看待科學研究的方法，對邏輯嚴謹度做出學理上的要求並不爲過。但是一般教學上並無需這般講究，何況歸納法行之有年，早已根深柢固，不是光從嚴謹性方面便可將之否定。持平地看，歸納法對於科學教育仍然相當重要，至少過去三百年許多重要的科學成果都或多或少通過科學方法而發現。教師可以經由對歸納法的介紹，讓學生對科學發展「溫故而知新」。不過必須強調的是，先懂得歸納法甚至演繹法，並不見得會在科學見解上有所突破。根據科學史的研

究，科學發現有一大部分要歸功於科學家的靈泉與創意。打個比方說，邏輯訓練只能強化學生「漸修」的工夫，至於「頓悟」的效果則要看他有無慧根足以被活化激發。

西方哲學至今呈現英美傳統與歐陸傳統兩大途徑，二者雖然在二十世紀後期有所交流，但是仍舊壁壘分明。尤其是在對理則學範疇的認定上，英語國家的理則學入門書通常只會介紹演繹法與歸納法，卻鮮見將辯證法納入其中。辯證法的原意是「對話法」，其根源同樣可以追溯至古希臘時期，但是它在哲學上大放異彩則是十八、十九世紀以後的事情。近代哲學最重要的哲學家康德和黑格爾都曾討論過辯證法，黑格爾更以辯證法做為根本的治學方法。辯證邏輯以「矛盾」為原則，正好與演繹法不承認矛盾存在的看法相對立。辯證法也有一套三段論法，即是從一個「正」命題推導出矛盾的「反」命題，而後向上揚昇為「合」命題。後來馬克思即以此解釋社會現象：資本家不斷累積資本是為「正」，當資本集中於少數人之手形成資產階級便出現大量對立的無產階級即為「反」，無產階級向資產階級進行階級鬥爭以達到公平正義的境地則為「合」。

辯證法少見於英美傳統的理則學之中，卻構成社會學的重要學派之一——衝突論，它同樣適用於教育社會學的探討。前章提到以衝突論為主的教育社會學觀點，不願看見學生在社會化過程中被官方價值同化，乃帶動一些基進顛覆的改革作法。尤其像弗萊勒的南美「批判教育學」，更是希望藉助草根性的教育實踐，使民智得以逐漸開啟，進而不受集權政府的宰制。由於辯證法在十九、二十世紀是通過馬克思主義而影響及全人類，以馬克思主義為宗的「批判理論教育學」，也在歐洲大行其道。從批判理論的立場看，教育活動是社會實踐的一環，不能

在學校門牆內孤芳自賞，而應融入整個歷史文化社會脈絡進行動態辯證的發展；在此意義下，具體的課程與教學便充滿政治色彩，成爲權力流動下不斷協商的結果。

5.3. 反　思

　　教育理則學有弱的與強的兩種不同力量的作用，弱的作用只在於以邏輯做爲思想工具去釐清和教育相關的概念，屬於學術及教育方面的努力；強的作用則是以邏輯做爲革新利器去改造跟教育相關的現狀，屬於政治與社會方面的變革。從知識分化的角度看，理則學和數學通常被歸屬於同一類型的領域，亦即「形式學」。形式的學問沒有實質的內容，只探討形式化的概念或符號之間的關係，因而不能視爲哲學或科學，但是理則學和數學卻是哲學與科學不可或缺的思想工具。十七世紀科學革命以後，自然科學在數學工具的作用下不斷深化，帶動應用科技突飛猛進，終於產生今天「科學掛帥、技術當道」的盛景，這背後的數學以及爲運算而發展出來的電子計算機，可說替人類世界開創了新紀元。

　　現代的數學以及科學方法，是十七世紀哲學家培根、笛卡兒、萊布尼茲（Gottfried Wilhelm Leibniz, 1646-1716）等人共同的智慧結晶，其中培根大力提倡實驗方法、笛卡兒開創解析幾何、萊布尼茲發明微積分，均可視爲現代科學的里程碑。哲學家對數學與自然科學貢獻良多，對理則學與社會科學的貢獻也不遑多讓；將數學運用於科學技術上可以使之一日千里，將邏輯引申至社會實踐中更是驚天動地。馬克思通過唯物辯證法所

開啟的革命路線，大幅影響及二十世紀人類文明，至今還有佔全球人口五分之一的中國人是生活在「馬克思主義」的旗幟下，由此可見理則學的威力無邊，既深且遠。倘若理則學果眞具有如此「看似無用，卻具大用」的深厚作用，則教育理論與實踐都應該好好正視它。

先談談邏輯教學。教邏輯其實就是教學生「講理」，所以我認爲「理則學」的說法比較一目瞭然。世間諸事萬物都有個理，像物理、生理、心理等，在這些事物之理的背後，有著更爲基本的思維原則，也就是「理則」。西方許多學問的名稱都以 "-logy" 爲字根，其根源正是 "logic"，也就是理則學或邏輯，由此可見理則學的重要性。可是今日各級學校鮮有開授理則學課程者，中小學固不用說，連大學通識課程都僅聊備一格，唯一重視邏輯教育的似乎只有哲學系。理則學與數學同爲形式的學問，對人類文明的影響和貢獻也幾乎可以等量齊觀，偏偏在華人社會的學校中所受待遇卻有天壤之別。其中道理有待深思，但是依照邏輯的發展來看，原因極可能是由它自己造成的。

數學和邏輯都是探討形式符號的學問，當人們所建構的形式符號的關係需要被溝通，就得有一套關係規則來運作。長期以來，數學早已形成爲一整套人工語言，人們也習慣於用心去學習它，進而探索宇宙的奧秘。而邏輯原本所處理的乃是自然語言，因此知識嚴謹性遠不及數學。爲了使邏輯變得嚴謹，十九、二十世紀一些數學家和哲學家嘗試將邏輯符號化，從而開創出數理邏輯。符號化的邏輯對日後資訊科技和電腦語言的發展大有助益，但是卻越來越遠離自然語言以及使用語言的人。上世紀中葉分析哲學和語言哲學在英語國家大行其道，其使用

的工具正是高度形式化的邏輯。哲學家把理則學當數學來教，又無法讓理則學產生像數學一樣的威力與魅力，當然只會令理則學在課堂上不斷被邊緣化。改善之道唯有讓理則學重回自然語言的懷抱，並擴大範圍，從形式走向非形式。

　　理則學唯有從形式化走向非形式化、從看重形式到涉及內容，方能真正落實訓練學生進行批判思考。諾丁在其所著《教育哲學》一書中，有專章討論邏輯與批判思考。她指出，「形式邏輯」有助於數學教育，而「非形式邏輯」才是批判思考的主力；此外她還舉出另外一種批判思考的可能，即是尊重主體反思的「教育中立」觀點。「教育中立」意指教師應尊重學生反思性批判思考的理性能力；這不同於道德中立，而類似於啓蒙時期所提倡的「容忍」精神。一旦批判思考具有倫理道德的考量，理則學便與倫理學融匯貫通，諾丁所提倡的關懷倫理學也就可以光明正大地納入邏輯的範疇，進而形成一套以關懷爲核心的教育理則學。如果辯證法的根本原則是「矛盾」，那麼關懷邏輯所秉持的便是「仁愛」。

　　身處後現代華人社會，我認爲探討教育理則學應盡量放大其內涵；例如將辯證法也納入邏輯範疇中，使其不但考慮形式，也顧及內容。當前既然不時興教導學生有關知識性邏輯的課題，我建議不如正本清源、推陳出新，回到邏輯的源頭——「自然語言」當中去，據此引領學生建構屬於自己的「生活理則學」，也就是「通情達理」的「生命的學問」。時下有些大學開授「思維方法」、「批判思考」一類通識課程，卻經常流於形式化的語言分析技巧，似乎仍然停留在形式邏輯見樹不見林的地步。華人是相當務實的民族，不尙空談，以致先秦名學到後來無以爲繼。名學正是講究形式邏輯的一派，例如「白馬非馬」

之類的論辯。這對「講理」的訓練不無益處，但是人生並不能就此打住，因此教育理則學有必要向人生哲學靠攏，方能維繫其活水源頭於不絕。

5.4. 討　論

北京大學工商管理研究所所長張維迎教授，於2004年出版了一本《大學的邏輯》，言及「大學的邏輯」可以表述為：「大學的理念是為人類創造知識，傳授知識，傳承人類文明，推動社會進步；那麼，大學的教師隊伍必須是由真正對研究和教學有特殊偏好，最具有使命感、責任心和創造力，最能做出原創性研究成果的學者組成。為此，大學必須有一個良好的治理結構。」他講這番話的目的不只是說一套道理，更希望人們瞭解這些道理後能夠起而行，推動體制改革。這正是我心目中教育理則學的典型論述。事實上，即使在分析哲學當道時的英國，教育理則學的討論也並非價值中立的，而是通過概念分析與釐清而有所取捨。教師教導學生學習理則學，以及教育學者經由教育理則學去釐清與教育相關的概念，都屬於一系教育實踐，而非僅止於觀念遊戲。

在英語國家曾經盛極一時的分析哲學和語言哲學，其知識源頭都集中於同一位學者的思想內，那便是英籍奧地利哲學家維根斯坦（Ludwig Wittgenstein, 1889-1951）。維根斯坦早年和晚年各有一部論著影響後世深遠，可說先後開啟了分析哲學和語言哲學的途徑，這兩部論著便是《邏輯哲學論叢》與《哲學探究》。在前一部書中他指出：「哲學旨在對思想進行邏輯的釐

清。哲學不是一套理論體系，而是一系活動。哲學的工作以闡釋為主。」在後一部書中他更強調哲學的作用為：「我們要做的是將字詞從它們的形上使用帶回到日常使用之中來。」這些觀點對教育理則學極具啟發意義。教育理則學做為教育哲學的一環，其目的首先是「通過講理以破除各種教育迷思」，接下去則是「回到日常教育實踐中，將生活理則學與人生哲學融入其中」。

　　本書嘗試經由提倡建構「華人教育學」來向讀者介紹「教育學是什麼」。坊間教育學入門書不知凡幾，我無意拾人牙慧、老生常談，而希望正本清源、推陳出新。「華人教育學」本於「從人生看宇宙」的中國哲學進路，採行以「後科學人文自然主義」為中心義理的「後現代儒道家」思想，在「中體外用論」方法學綱領指引下，表現為一種「『哲學的教育學』為體、『科學的教育學』為用」之理論與實踐。總而言之，「華人教育學」是以教育哲學來規範並決定教育科學的用途；此外它也應該用來指點教育實踐的大方向，亦即決定教育的目的，不過這將是後面要介紹的教育形上學與教育倫理學的議題。回到教育理則學議題上面來，我覺得「華人教育學」最適於踏出的第一步，便是培育「通情達理」的人。

　　華人好講「情、理、法」，「情」在「理」之前，「法」放在最後考慮，許多人認為這不符合民主時代的精神。有趣的是，西方民主先進國家走了數百年，已經從現代邁入後現代，竟然在待人處事方面開始重視情意面，像關懷倫理學受到重視便是一例。關懷倫理學不同於正義倫理學，不以公平正義為優先考量，而是從關心照顧方面出發，如此一來，可能會以「犧牲小我」的方式不與他人斤斤計較。如此「退一步海闊天空」

的設想，可以說是既通情又達理。本於此一理路，我主張在教育實踐中可以教學生「重大體但不拘小節」，亦即在大原則上不輕易讓步，小脈絡中多予人方便。這反映出一系生活理則學：「化危機爲轉機」、「吃虧便是佔便宜」等等，因爲「此念是煩惱，轉念即可能是菩提」，眞正的日常邏輯幾乎全繫於一念之間。

　　大陸上自從改革開放以後就開始實施一胎化，至今已超過四分之一個世紀，最初一胎化政策下出生的金童玉女，如今已到了爲人父母的年齡。雖然政策已見鬆動，但是在2005年初大陸人口突破十三億，仍是一項令人吃驚的事實。試想一個國家每年有那麼多人要受教育：唸小學、上中學、考大學，目的還不是爲了成家立業、安身立命。成家立業需要一技之長的本領，專門教育或專業教育得以爲功；安身立命則需要通情達理的見識，通識教育或素質教育始見效果。臺灣一位大學校長曾表示，大陸「素質教育」的概念較港澳臺「通識教育」來得既廣且深；通識只是增廣見識，素質則是從根做起。想教導學生成爲通情達理的人，不妨將生活理則學和人生哲學列爲素質教育的核心課程。

　　臺灣近年在這方面倒是有所進展，討論了七、八年的「生命教育」終於要在2006年成爲高中正式課程。「生命教育」課程除了一門具有概論性質外，其餘進階的七科包括：哲學與人生、宗教與人生、生死關懷、道德思考與抉擇、性愛與婚姻倫理、生命與科技倫理、人格統整與靈性發展。由於「生命教育」是由哲學學者主導推動，其最大特色正是「哲學掛帥、倫理當家」，而這一切論述都可以放在生活邏輯之下加以檢視。從已公布的課程綱要來看，臺灣「生命教育」唯一美中不足之處便是

全盤西化，同時充斥著外來宗教色彩和中產階級溫情主義；既不見中華文化精髓，亦缺乏社會批判精神。基於「愛之深，責之切」的心理，我曾經寫了一本十四萬字的論著《生命教育概論——華人應用哲學取向》對之加以批判，但是總體而言，我依然肯定「生命教育」的大方向。

再　思

1. 哲學除了像科學一樣，具有解決問題的功能，還具有釐清問題及消除問題的功能，請舉例說明之。

2. 「教育的邏輯」主要在於對教育相關概念進行分析釐清，請闡述其重要性。

3. 請舉例說明「批判性思考」與「創意性思考」如何相輔相成、互補互利。

4. 西方正統的邏輯教學幾乎只講演繹法，為什麼？你覺得有無缺失？

5. 辯證法以「矛盾」為原則，凡事盡可能找出其中存在的矛盾，你覺得這種態度是否「合理」？

6. 嘗試去建構你自己的「生活理則學」，並且反思如何方能做一個「通情達理」的人。

我的邏輯生活故事

　　說我跟邏輯長期以來便處於一種愛恨情仇的糾纏中並不為過。還記得1968年我考上高中，那年臺灣剛開始實施九年義務教育，高中則採用美國的數學和科學新教程，什麼 SMSG 數學、PSSC 物理學、CHEM 化學、BSCS 生物學，一時好不熱鬧。而望著嶄新的教材和課本，我也有種說不出的喜悅，甚至立志要當科學家。雖然第二年人類便登上了月球，我的科學夢卻隨著數學成績一塌糊塗而成為泡影，理由無他，我被數學課本中的邏輯概念給打敗了，始終抬不起頭。如今回想起來，我依稀覺得初中時代（當時還沒有國中）數學尚差強人意，對符號數字的興趣也並非完全缺缺，怎麼上了高中竟然一敗塗地？原因正是當時臺灣一心模仿美國，推動中學數學教育改革，放著代數幾何不教，一上來先講「真值表」、「集合論」，盡搬弄些抽象的邏輯概念打轉，這些跟我的直覺領悟式學習完全不相應，結果只有束手投降一途。

　　不怕大家笑，我一上高中唸數學便洩了氣，以致後來的三角、幾何等完全無心學習，幾乎形同放棄。加上高中時期陷入「存在抉擇」的人生茫然，一共花了五年才勉強考上大學，其中數學僅得十六分，算是一生中重大考試最低紀錄。偏偏考上的是哲學系，必修一年六學分理則學，教授是位留學歐洲的神父。他興高采烈地教大家難得一見的波蘭式符號邏輯，我則戰戰兢兢、如坐針氈盲目地跟著

不停演算習題，一年下來終於及格過關。修完理則學我下定決心與邏輯說再見，好在我上的輔仁大學遵循歐陸傳統，不太重視英美傳統的邏輯分析技巧，以致我得以順利讀完博士班，不必再跟一大堆符號演算纏鬥。不料剛當上大學講師，竟然被排到體育系教理則學。望著一群人高馬大的運動健將，真不知如何跟他們介紹抽象的概念分析。

　　當時為了找尋適當的課本也大費周章，剛好國立編譯館出版了一套高中理則學教科書，我讀了尚稱簡明，便用來當教科書。一開始體育系學生還認為我小看他們，怎麼上大學還用高中課本？事實證明這兩冊教材很紮實，連我自己都受益匪淺。由於課本編給高三學生選修，聯考當前，誰有興趣選這些課？後來聽說我是唯一大批採購這套教材的老師。至於理則學教過幾年後，也就逐漸得心應手了。印象較深刻的是到東吳大學去兼課，教到法律系新生，覺得責任重大。想起美國電影中法庭上律師和檢查官針鋒相對，伶牙俐齒背後的嚴謹思緒，需要多麼深厚的邏輯訓練？我當學生時一路走來都沒有把理則學學好，卻在當上老師後通過自學方案，教學相長下困而學之，倒也是教師生涯中難得的體驗。

6. 教育形上學

6.1. 問　題

　　形上學是哲學之中最爲核心的議題，倘若哲學不談形上學，也就不成其爲哲學了。不過西方哲學從十九世紀以來一直有著反形上學的傾向，尤其是英美傳統中的分析學派，幾乎完全否定形上學。分析學派打著「邏輯實證論」的旗號，一方面標榜邏輯形式，一方面強調科學實證，而讓那些在哲學家眼中既抽象又非純屬形式的事物無處容身。西方形上學的原意爲「物理學之後」，亦即探討物理現象背後看不見摸不著的原因之學問，此與中國《易經》內「形而上者謂之道，形而下者謂之器」的說法不謀而合，日本人便據此把 "meta-physics" 翻譯成「形而上學」，如今通稱「形上學」。形上學也曾被稱爲「玄學」，取其「玄之又玄，不知所云」之特質，但卻可能因此產生誤導，讓人們望而卻步。其實若論起抽象性，數學和理則學可能更爲玄妙縹緲。

　　時至今日，形上學的意義已不必執著於「物理學之後」的探索，而應深化 "meta-" 的「後設」功用。「後設」乃是指站在事物之後、之外看問題，例如「教育學」的對象爲「教育實踐」，而「後設教育學」的對象則爲「教育學」。嚴格說來，本書名爲《教育學是什麼》而非《教育是什麼》，其實正屬於後設教育學的著作。「後設」一說在大陸上稱作「元」，大陸上對於「元教育學」的系統探究成績斐然，值得其他華人世界教育學者學習效法。我在本書〈導論〉中即已對全書的「後設」性質有所說明。從「後設科學」或「科學學」的觀點看，後設教育學

包括教育學史、教育學哲學和教育學社會學。本篇四章所討論者，包括有關教育實踐的教育哲學議題，以及後設的教育學哲學議題。

形上學源遠流長，從古希臘到中世紀都是哲學的核心學問，加以羅馬時期以後希臘文化與希伯萊文化合流，基督宗教信仰深深影響及西方哲學，因此形上學的議題也緊密與信仰關聯。如今我們在建構「華人教育學」的當兒，有必要將西方觀點加以轉化。在西方哲學的脈絡中，形上學重要問題有四：**宇宙學、存有學、人學、神學**，其中前二者與後二者各自形成一組相對的分支學問。簡單地說，「宇宙學」便是科學的前身，同科學一樣為探討時空現象的學問，只是宇宙學使用的不是科學實驗方法，而是哲學思辨方法。「思辨」屬於演繹式的臆測推理，為標準的形上學方法，用於一般日常生活道理尚稱允當，用於宇宙奧秘的發掘恐怕就有所不足。王陽明早年因格竹子致病，而以反身而誠的心學作學問終有所成；問題是格竹子不用顯微鏡難以為功，宇宙學與科學的差別由此可見。

宇宙學格的是世界的現象面，如今此一工作已交由科學去處理；與此相對的「存有學」，則想發掘現象面背後的「本質」或「存有」。形上學的困境也由此而生：現象面的事物可以被人們的感官經驗所把握，比較不易引發爭議；本質面的存有既抽象又不確定，難怪連哲學家都懷疑其存在。不過存有學如果不執著於自己所說的屬於最終道理，而能夠退一步承認目前所言只算是有待進一步考察的臆測，則存有學仍有其發揮餘地。事實上這正是波普的觀點，波普認為形上學是科學的前身，一旦形上臆測得以判別真假便成為科學，至於那些一時無法判定真假的說法則暫列為形上臆測。波普所言的形上臆測較接近「宇

宙學—存有學」一組概念，尚有真假可言；倘若走到另一組
「人學—神學」概念中，情況就更難以判別了。

　　「人學」又稱為「人類學」，由於當今「人類學」已列入行
為社會科學，則在科學說法出現以前的哲學觀點便以「人學」
相稱。稱「人學」的另一個理由，即是可與「神學」相呼應。
西方哲學長期受基督宗教影響，神學與哲學呈現相輔相成的作
用時常可見，至今猶然。形上學的人學在根源上與心理學相
通，專指研究「人之異於禽獸」的理性心理學，亦即以「理性」
做為判定「人之所以為人」的標準。由於人學與心理學相通，
而心理學正是教育學最親近的學問，教育形上學由此著手契入
或許較為恰當。教育形上學有三個議題：**教育本質、教育目
的、教育價值**，歸結到根本上即是教育的對象——人；教育本
質、目的和價值都在具體的人身上，脫離了人便無所謂教育。

　　西方與人學相對的乃是神學，那是因為基督宗教或伊斯蘭
教信仰對象都是相同的唯一真神，研究一神本性的神學自有其
意義。以漢民族為主的華人九成不信教，信教的人又以道教和
佛教為主；道教為多神，佛教為無神，西方神學在華人社會其
實不甚相應。類似神學的概念放在形上學當中來談，不妨將宗
教信仰對象轉化為人生信念內涵；尤其華人的人生信念以儒道
二家思想為主，儒家或道家形上學在此可扮演西方神學的角
色，為人學提供對照的視角。神學問題納入教育形上學中探
究，還有一個獨特的意義，那便是宗教信仰與教育活動的關
係。從第一章〈教育史〉可以得知，目前全球西式教育體制多
與基督教會及信仰有所關聯，宗教團體更在各地創辦了無數學
校。教團既然為強大的社會力量，宗教目的與教育目的之分
合，便成為有意義的形上學問題。

6.2. 觀　點

　　教育形上學可以從教育或哲學兩方面來考察,一般而言,教育學者傾向從教育方面討論教育的本質、目的和價值,哲學學者則多從心靈哲學方面探討心靈的結構與功能。本書係從「華人應用哲學」觀點去看教育學之種種,因此在本章中係以哲學為主、教育為輔。心靈哲學即是哲學心理學,與人學問題具有廣泛的界面,也與存有學息息相關。事情可以這樣看:我們做為有意識的個體,發現自己有一個物質性的身體,同時也能夠反省到自己正在進行思考的心智活動;倘若我把思考所得用語言、文字或圖像記錄下來,即使我不在場,別人也可以根據相關記錄瞭解我的想法。這其中包含有三部分:**物質性的身體、精神性的心靈,以及保存思維內容的載體**,波普分別稱之為「世界一」、「世界二」、「世界三」。形上學的四種重要觀點,即是看重世界一的「唯物論」、強調世界二的「唯心論」、區分世界一與世界二的「心物二元論」,以及三者兼顧的「**三元互動論**」。

　　「唯物論」主張以物質和能量的作用,來解釋一切事物的存在樣態,這種看法比較容易得到常識的支持。因為常識通常只停留在「眼見為信」的地步,物質現象較精神活動更能夠取信於人。唯物論以及其他各種觀點都有其存有學根源,像唯物論便相信實在世界的本質是物質性的。被喻為「西方哲學之父」的泰利斯認為組成萬物的成分為水,即可視為唯物論的嚆矢。而希臘哲學和印度哲學皆不約而同地指出,世界基本元素為

「水、火、土、氣」或「地、水、火、風」，更反映出早期形上學所呈現的宇宙學與存有學合一的局面。唯物論在今天仍然受到重視的主因，是馬克思主義以「辯證唯物論」為基礎，強調經濟生產活動決定社會文化現象，「階級鬥爭」便是生產工具及所得的重新分配。至於與教育相關的心靈結構問題，唯物論把心靈視為物質的作用或副現象，不承認心靈具有主導能力。

「唯心論」的立場正好與唯物論相反，主張「萬法唯心造」、「存在即被知」。這套說法其實有其深意，只要不走極端或鑽牛角尖，便足以發人深省。相傳王陽明與友人至山中尋幽訪勝，在深遠處得見一美麗花朵，感慨造化巧妙之餘，不禁對花開花謝僅被二人得見而有所反思，結論為花朵的美麗正是被人們駐足欣賞而呈現出意義。此一看法大致可以理解，但是唯心論將之引申至花朵未為人所見便不存在，則不免出現問題。柏拉圖相信觀念的世界真實存在，感官經驗所接觸到的世界卻屬虛幻，也是一種唯心論觀點。唯心論乍聞之下幾與常識不相應，但是認真想來便會發覺頗具哲學深度，難怪美國哲學家懷海德（Alfred North Whitehead, 1861-1947）要強調，所有西方哲學都是柏拉圖思想的註腳，這不能不說是一種睿見。

唯物與唯心都各有所偏，說「心物合一」或許可以調和二者，但心物合一之下孰輕孰重、孰主孰從？問題依然存在，笛卡兒遂將之澈底二分，形成影響深遠的「心物二元論」或「身心二元論」。在二元論的分別意義下，心靈屬於獨立存在的意識作用，身體則是由上帝所設計的精密機器，二者各行其是，彼此的關聯也交給上帝去協調。這種二元觀最大的衝擊是對於醫學，一旦身體被看成純粹的機器，則任何手術或器官移植就沒有太多神秘可言了。至於獨立存在的另一半精神實體，也讓後

來的哲學和心理學大有可爲；事實上包括現象學及存在主義的發展，都跟笛卡兒二元論哲學有所關聯。不過做爲身心一體的人，卻被判成兩橛，還得靠上帝來進行協調，總讓人覺得不夠圓滿，將二元論再擴充爲三元論的看法便應運而生。

波普是三元論的擁護者，他從笛卡兒的二元論出發，對之加以修正與創新。波普不認爲身心各自爲政，也無需上帝居中協調。就人類而言，波普主張由心靈所形成的自我去主導身體的運作；尤有甚者，心靈還會受到另一種無形的思想內涵所影響，譬如別人講的話、寫的書等等，他視這種外於人的文化載體也是獨立存在的。三元世界相輔相成、相互作用，這便是人類的處境。由於波普不認爲形上學有何崇高或神秘之處，它只不過是猜想或臆測，所以他也不像其他當代哲學家一樣避談形上學，反而認爲自己所提出的「三元互動論」，正是一種形上學臆測。若要繼續追問它的存有學基礎，波普提出的標準答案，乃是回到日常生活的「**常識實在論**」。當我們知道身體、心靈和各種「軟體」不斷地相互作用，一切就足夠了，沒有進一步追問的必要。

看過四種形上學觀點，再回頭來思考教育形上學的可能與限制。首先大家要確定形上學的特質乃是「思辨的」而非「經驗的」，即使像唯物論者對唯物的肯定，也非像科學一樣可以檢證。換句話說，形上學觀點大致反映出一個人的價值與信念；信念一旦確立，相對應的作法也就得以配合。本書認同上述「三元互動論」和「常識實在論」，通過這層認識，「教育的本質」便類似杜威所指的：**教育即成長、教育即生活、教育即是經驗到世界的互動**；「教育的目的」可歸於培養「有教養的人」；至於「教育的價值」則反映在**由教育所促成的「自我覺**

察」，進而「自我批判」和「自我實現」。常識實在論不尚多
言，一切從日常生活的反思與批判做起，教育的真義盡在其中
矣。

6.3. 反　思

　　教育形上學如果想進一步開展，朝向「教育人學」去努力
也許會有所成。大陸學者王嘯在建構教育人學時指出：「人學
是哲學的當代型態……它以對人及其存在方式進行反思為使
命。」接下去他便分析教育以人為目的可能、教育反映人之生
成的價值，以及教育做為人對人的活動之性質，結論只有一句
話：「教育即自由。」這其中蘊涵著兩重意義：行動的自由與
心智的自由。以眼前的教育現況來看，教育活動在於傳遞知識
固然是主要功能，但是除此之外，教導年輕人學著做一個有為
有守的「知識分子生活家」，也是十分迫切而重要的任務。近年
流行說「知識經濟」、「知識管理」、「知識社會」，這是就資訊
管理下的經濟發展而言的，無形中窄化了「知識」的界定。真
正的教育必須在不忽略「知識管理」的情況下超越它，走向
「智慧彰顯」的境地。

　　人類心靈有三層動力：感性、理性與悟性；感性靠直覺，
理性懂反思，悟性則屬於超凡的領略。與這三層動力相應的則
有三方境界：常識、知識與智慧；常識靠耳濡目染，知識需分
析理解，智慧則起於豁然貫通。青原惟信禪師有一段話語，對
上述心路歷程有著很貼切的描繪：「老僧三十年前未參禪時，
見山是山，見水是水；及至後來親見知識，有個入處，見山不

是山，見水不是水；而今得個休歇處，依前見山祇是山，見水祇是水。」這段禪機中明白提示出「知識」二字，指的正是「師父引進門」的老師。老師在教導學生時，大多是將學生心智內原有的雜亂常識轉化為系統知識，再激發為活學活用的生活智慧。這是一系教育大方向的落實，理當通過教育形上學先行確定。

西方形上學的重要根源在於柏拉圖與亞里斯多德哲學。柏拉圖雖然為觀念論者或唯心論者，但是他卻主張觀念世界真正實在，真實世界卻屬虛幻。身為學生的亞里斯多德不同意老師的看法，乃有「吾愛吾師，吾更愛真理」之說。亞氏雖然恢復了真實世界的實在性，卻沒有完全拋棄老師將觀念世界也視為實在的論點，而是將之納入形上學加以推廣。簡單地說，自亞里斯多德以降，許多哲學家都認為「物理學之後」還有一個由各種「有限存有」（beings）組成的抽象世界，中世紀基督宗教力量滲入哲學，上帝（God）逐成為大寫的「無限存有」（Being）。一般而言，做為名詞的 "being" 係由動詞 "to be" 轉化而來，用以指涉一件事物的屬性，例如人類（human being）。而當事物的「屬性」被哲學家提升為「自性」，亦即當形上學在研究「有之所以為有」（being as being）時，一般人便難以瞭解其中奧秘而以「玄學」視之了。

教育形上學不必走向傳統形上學「視抽象為實在」的途徑，而應馭繁於簡、回歸生活，這正是「華人應用哲學」的發展方向。對於教育形上學，「華人應用哲學」主張先採用杜威的自然主義觀點──「扣緊人們感受到的自然現象來尋求事理」。諾丁認為杜威的看法完全無涉任何超自然事物，這也是「華人應用哲學」所堅持的一貫立場。「華人應用哲學」的形上

學立場爲中國「後科學人文自然主義」，此乃由西方「科學人文主義」轉化擴充而來。在我的心目中，波普的「常識實在論」正是「科學人文主義」的典型。以波普的人文主義結合杜威的自然主義，可以初步呈現西方「人文自然主義」的形上學模式；以此模式去觀照中國哲學，便足以建構「後科學人文自然主義」意義下以「後現代儒道家」爲宗的「華人應用哲學」。

　　一冊美國出版、在臺灣有中譯本的哲學辭典，對「人文自然主義」有著言簡意賅的說明。其大意指出，源於西方的「人文自然主義」，主張價值乃是「基於自然情境而爲人類所建構」，通過經驗研究則可以肯定「由人性形塑倫理與審美價值」的看法，自此激勵人們「通過互助快樂地生活」；而這種「自然而然」的價值觀，並不需要任何超自然力量的支持或認可。換句話說，西方的「人文自然主義」是善用科學並揚棄宗教的，但是轉化到中國來，則無必要強調科學的經驗研究，也沒有需要被揚棄的宗教。在「中體外用論」的指引下，科學本身只有實用價值，不必用以去證實肯定任何價值；至於宗教信仰，當佔世界人口五分之一的華人世界有九成的人不信教，則大可對此「存而不論」。

　　「華人應用哲學」的眞義爲「後科學、非宗教、安生死」，倘若用於教育形上學來體現教育本質、樹立教育目的、彰顯教育價值，我建議從建構「華人教育學」來推動「華人生命教育」著手。「華人」在此不只具有民族意義，更充滿文化內涵。「中華文化」可說是以漢民族文化爲主體爲本土文化，其核心信念爲儒、道二家思想，信仰方面則屬於以道教爲依歸的民俗信仰，這些思想的特色可說是「非宗教、安生死」。至於援引自西方的「後現代」思想，由於具有「後科學」批判意義，適可與

中國哲學融匯爲「後現代儒道家」新思潮，其於教育實踐的具
體作法，便是推動「華人生命教育」或「民族文化素質教
育」；前者爲臺灣現今官方教育的本土化修正，後者則是大陸
行之有年的提升民族素質之理想。

6.4. 討　論

　　教育學的知識內涵可以分爲理論與實務兩方面，理論知識
包括第一篇所介紹的教育史、教育哲學、教育心理學、教育社
會學四個分支，實務知識爲第三篇將要介紹的課程論、教學
論、師資培育、教育管理等；至於本篇所討論的議題，則屬於
教育哲學的深化，以確認教育學所爲何來。根據「教育學之父」
赫爾巴特兩百年前的構想，教育學原本由哲學和心理學所組
成；做爲實踐哲學的倫理學爲教育學賦予目的，心理學則提供
治學方法。時至今日，教育學幾乎完全走向心理學所指引的
「科學的教育學」路徑上面去，似乎找不到任何哲學的影子。本
書主張正本清源，推陳出新，希望復興進而全面開發「哲學的
教育學」途徑。現代實踐哲學至後現代已轉化爲應用哲學，其
方法則從知識性的思辨法和反思法擴充至情意性的體驗法和詮
釋法，這些都是我寫作本書時所採用的方法。

　　本篇探討「教育學爲什麼」，做爲「小邏輯」的理則學及
「大邏輯」的知識學之功能作用，乃是去釐清思想與體驗的來龍
去脈；眞正對此一問題提供解答，則來自思辨形上學與包括生
活美學在內的體驗倫理學之攜手合作。「華人教育學」爲的就
是「後科學、非宗教、安生死」，亦即指引學生懂得如何批判科

學、擱置宗教、安身立命，實際作法便是將「華人生命教育」視爲整個教育活動之核心。臺灣官方曾於2001年向各級學校函頒一份〈教育部推動生命教育中程計畫〉，明示「各級學校應依本中程計畫建立以生命教育爲教育核心之共識」，三年後更爲配合在高中開授正式課程而公布一套課程綱要，清楚載明生命教育的具體內容。我相當認同推廣生命教育的大方向，卻發現官方論述濃厚的西方及宗教色彩值得商榷，乃拈出中國本土儒道思想做爲改善之道。

　　教育活動與實踐是有時空脈絡的，回答「教育學是什麼」必須先問「教育學爲什麼」；一旦把問題放在本土文化脈絡中來看，就轉變爲「華人教育學爲什麼」。教育學無疑是西方產物，自德國發其端，逐漸遍及歐美。由於現今全球教育活動無不效法歐美，像原本追隨日本、蘇聯、英國的臺灣、大陸、香港等地華人社會教育體制，皆先後向美制轉軌，如今美式教育幾乎已成華人教育的全部。這在形式上尚無可厚非，但在內容上卻不應亦步亦趨。從教育人學的立場看，教育的目的是爲了人，但並非不著邊際、沒有著落的抽象「人」概念，而是擁有歷史文化背景和生活時空脈絡的眞實個體。「華人教育學」所面對的即是所有華人的教育情境，姑不論星馬地區的外國華人，即以兩岸四地而言，便有重新建構教育學論述的必要。

　　教育形上學屬於教育哲學的一環，教育學有一階「教育的哲學」與二階「教育學哲學」之分，教育形上學亦可作如是觀。由於本書屬於入門性質，對一階與二階觀點沒有必要太過細分。在我看來，教育形上學以及後面要介紹的教育倫理學，一方面固然可以在二階上後設地釐清教育學的理路，另一方面更應該站在一階位置正面地向教育工作者進行信心喊話。如今

教育哲學雖然對教育實踐已不具任何規範作用，但是提出苦口婆心的建言，仍然是一種「知其不可而爲之」的擇善固執。我擔任中學和大學教師共二十餘年，覺得西方式的專門分科教育已十分普及，本土化的民族素質教育卻相當不足；問題是教育既要培養專家也應顧及全人，否則在「外來化—西化—現代化—全球化」的浪潮不斷衝擊下，民族文化主體性逐漸被稀釋，豈是你我所樂見？

　　站在「華人應用哲學」的大纛下，教育形上學秉持思辨與反思的工夫，希望提倡一系哲學性、人文性的教育實踐。這種以人爲本的、人文性的教育實踐，是「從人生看宇宙」的、以哲學指引科學的、「中體外用」的，而非科學掛帥的、全盤西化的，後者正是今日教育的弊病。事實上，西化並非不好，科學也非無用，只是它們不代表全部；然而中國在「五四運動」以後不斷朝這個方向走去，以致人們的眼中似乎只有西方科學技術，卻無視於安身立命的學問。平心而論，兩岸華人在二十世紀先後通過西化和現代化，已經開創了經濟發展與物質生活的勝景，現在是到了該注重文化傳承和精神生活的時候了。百年前「中體西用論」反映的是不平則鳴的次殖民論述，如今提倡「中體外用論」則是彰顯主體的後殖民論述，二者的確不可同日而語。

　　後現代的「華人教育學」以「華人生命教育」爲核心，生命教育教導人們學會如何頂天立地、安身立命，其核心價值乃是融匯儒道二家思想的中國人生哲學。這種哲學最大特色是不談死後生命與超自然事物，亦即抱持現世主義，對宗教信仰存而不論。從人本教育立場看，這是十分健康的想法。當然宗教信仰絕非壞事，但是我認爲它純屬個人事務，不宜涉入團體活

動，否則容易出現人謀不臧。臺灣的教育政策長期以來不讓宗教教義登堂入室，作法值得肯定，但是更應該落實的則是教團退出校園。宗教團體辦學校是將信徒的善心回饋社會，應該給予肯定鼓勵；然而一旦由教團控制校園，就屬於公器私用，應予撻伐。教育形上學要推廣的乃是開放的人生信念，而非特定的宗教價值，這點有待所有教育工作者加以正視。

再　思

1. 西方形上學原意為「物理學之後」，請查閱文獻，說明其來龍去脈。
2. 哲學希望馭繁於簡、以不變應萬變、由多歸於一，波普形上學卻走向三元觀，請對此加以評論。
3. 教育形上學關注於教育本質、教育目的、教育價值等議題，你認為這對教育實踐有否助益？
4. 資訊科技日新月異，已經從「資料處理」提升至「資訊管理」，再進展為「知識管理」，請評論其得失。
5. 請上網或查閱文獻，說明大陸上從小學至大學普及實施的「素質教育」之大要。
6. 教育人學得到的結論乃是「教育即自由」，請對此加以闡述。

思辨與體驗

　　西方社會學家把「知識分子」界定為「理念人」，並且認為這種屬性無法在眾多從事藝術、科學和宗教的人身上看到。換句話說，理念人不同於藝術家、科學家以及宗教家。我在被稱為「知識殿堂」的大學裏任教二十餘年，對於「知識分子」的崇高境界，始終抱著「雖不能至，心嚮往之」的態度。大學殿堂中有成就者屬於「知識工作者」，其餘包括我在內的大多數靠教書謀生糊口，則忝為「知識從業員」；至於那些對社會不斷加以針砭批判的時代良心，堪稱「知識分子」者，的確如鳳毛麟角。一定要對社會多所批判才配稱「知識分子」嗎？答案為肯定的。因為社會是世俗價值的匯流之所，所謂「世風日下，人心不古」，汲營於名利權勢的人肯定比追求真理至善的人多，少數諤諤之士也就格外顯得高風亮節了。

　　做為「理念人」的知識分子也許需要懷抱「兼善天下」的胸懷，我自忖沒有這番抱負和能耐，卻十分堅持要當一個「獨善其身」的自了漢。西方意義下的知識分子放在中華文化的傳統中，比較接近儒家「士人」的典型，或者說是「讀書人」。老實說，我從小便對儒家形象敬而遠之，一方面覺得它道貌岸然，一方面大概是因為被學校《論語》《孟子》的填鴨教育搞得興趣缺缺，這種情形一直到近年方才獲得改善。不過平心而論，我的生命情調的確比較接近道家而遠離儒家。無奈臺灣的中小學教育幾乎完全未曾介

紹道家的思想，我只有在高中時代讀課外書稍有涉獵，一度頗有所感；進入哲學系後它卻變成作業功課，反倒不易為之所動。哲學系走的是思辨的路線，與我那偏重體驗的氣質不太相應；好在當年學風自由，老師樂得放羊吃草，我也順利通過自學方案，從學士、碩士一路唸到博士。

　　思辨哲學的典型是形上學，當年我有學沒有懂，卻很羨慕系主任在外系開的一門「人生哲學」課。聽說那門課是在教大家從血型看氣質，想來就比形上學有意思得多。不過如今回想起來，還是覺得哲學系十年的訓練相當值得。畢竟學校教育是「漸修」的工夫，自學有成屬「頓悟」的效果；沒有長期的思辨修行，又何來靈光乍現的體驗通達呢？我自從踏上講壇傳授哲學思想起，便先向那些視哲學為畏途的學生曉以大義，進行心理建設。哲學的確是一門抽象且不易討好的學問，尤其是講究思辨不重經驗，與科學實事求是的精神大異其趣。但是哲學終究為探索天人地、真善美的博大精深古老學問，甚至各行各業的博士也多稱「哲學博士」。有志者學習哲學義理、從事形上思辨，只要循序漸進，終究會漸入佳境的。

7. 教育知識學

7.1. 問　題

　　形上學是哲學的中心關注，知識學則為教育哲學的核心議題。西方哲學探討真、善、美，與之對應的哲學分支則有形上學、知識學、倫理學和美學；事實上，形上學和倫理學乃自古有之，至於嚴格意義下的知識學和美學大致在十七、十八世紀以後才先後問世。知識學為研究知識的理論，它要追問兩件事：*知識是什麼？知識由何而來？*因此知識學又稱為「知識論」或「認識論」。古代哲學先觀測宇宙再考察人生，形成有關宇宙與人生的知識，亦即形上學和倫理學，前者屬純理思辨知識，後者則為道德實踐知識。受到柏拉圖的影響，希臘哲學始終具有重理性輕經驗的傳統；即使其學生亞里斯多德不排斥經驗，依然讓經驗服膺於理性之下。由於認為理性已足以代表真知，古代希臘哲學並未像近代歐洲哲學一樣，從理性與經驗各方面，系統地深究知識性質和來源問題。

　　希臘哲學至亞里斯多德達於顛峰，其後未見出其右者。繼承希臘文明的羅馬人較為務實，不太在意哲學發展；加上基督宗教信仰漸成氣候，於是進入千餘年的長期中世紀。中世紀哲學重心大致為柏拉圖和亞里斯多德哲學的神學版，這種情況維持至十五世紀東羅馬帝國滅亡後，乃出現文藝復興運動。文藝復興主要在於復古而非創新，但是由於理性傳統已經沾染上濃厚的宗教氣息，哲學家便轉而彰顯經驗，培根提倡歸納法和實驗精神便是一例。培根可視為日後英美經驗主義傳統的嚆矢，而在英倫海峽另一端的法國，笛卡兒追問理性與知識的關係，

可說爲歐陸理性主義傳統開創了局面。笛卡兒提出「我思故我在」的說法，揭開對「主觀思維如何與客觀知識互動」問題的探究，從而把知識學推上哲學舞臺。歷史上「理性與經驗」、「主觀與客觀」，以及後來的「絕對與相對」、「現代與後現代」等對立的知識學爭議，構成今日教育知識學的四大問題。

　　許多教育哲學的入門著作，開宗明義即討論理性主義與經驗主義的問題，並以柏拉圖爲理性主義的首先代表。由於理性與經驗之爭直接影響及教育實踐，自此開始討論是很恰當的教育知識學進路。前面曾提及，柏拉圖主張觀念世界爲眞實、現象世界爲虛幻，理性做爲靈魂的作用可以得到眞知，一旦靈魂受到身體束縛而必須通過感官經驗去接觸世界，眞知便難以企及。對柏拉圖而言，不朽的靈魂擁有一切眞知，一旦受到身體限制，知識逐被遺忘，而教育過程便是喚回遺忘的記憶。由於理性所把握到的「眞知」，其希臘文 "epistēmē" 正是「知識學」 "epistemology" 一辭的字首，由此可見二者關係之密切。眞知不證自明，無須質疑，直到兩千年後的笛卡兒以「懷疑」爲哲學思維起點，追問知識的由來，才算眞正開啓知識學大門。而這一切的發展，幾乎都不太考慮感官經驗的作用。

　　對經驗作用的探究可以追溯至亞里斯多德，亞氏認爲人類通過感官經驗接觸世界是獲得知識的第一步，個別主觀的經驗內容經由抽象作用而形成普遍客觀的知識，後者正反映出柏拉圖的觀念世界之存在。由於西方哲學傳統上便傾向「由簡馭繁、多中求一、以不變應萬變」的學問途徑，很自然地不相信主觀經驗可以帶來眞知。但是哲學在經過長期發展後，卻又走出完全不一樣的道路，像十七世紀英國經驗主義哲學家洛克（John Locke, 1632-1704）便認爲人心是一塊白板，感官經驗途

抹上去的內容便構成知識的根本，人通過歸納法將經驗內容歸結成知識系統。理性主義化客觀知識為主觀認識，經驗主義集主觀認識為客觀知識；前者重演繹法和觀念論，後者偏歸納法和實在論，知識學發展其實是與理則學及形上學彼此呼應的。

　　西方哲學分為五個時期：上古、中古、近代、現代、當代，一般以「西方哲學之父」泰利斯出生的公元前624年為起點，其後四個斷代分別為西羅馬帝國滅亡的476年、東羅馬帝國滅亡的1453年、黑格爾去世的1831年、十九世紀結束的1900年，至於二十世紀以降的哲學都被歸入當代。回到科學知識突飛猛進的十九世紀，一些涉及社會人心的哲學議題，在自然科學廣受重視的激勵之下，從哲學轉變成社會科學。由於自然科學可以放諸四海皆準，社會科學也有此企圖。問題是前者指向**物質和能量**，後者卻涉入**歷史與文化**；而一旦要考量時空脈絡因素，知識就不易保持單一絕對性，而呈現出多元相對性。近代哲學因為提倡絕對知識的黑格爾去世而告一段落，哲學進入現代後就必須面臨相對主義的挑戰；而當代哲學中的後現代主義，則把知識的絕對與相對性問題帶得更遠。

　　理性與經驗知識、主觀與客觀知識等議題，屬於近代以前的知識學問題；絕對與相對知識議題在現代中發酵；至當代則有現代主義與後現代主義之爭。倘若現代主義還希望繼承和融匯前人之長，則後現代主義便表現為積極地斷裂和創新。從「大型理論」（grand theory）轉向「小型敘事」（little narrative），象徵著後現代知識「**劃地自限，自圓其說**」的特質。本書大體上認同這種知識學的分判，並以此為寫作策略，以彰顯「華人應用哲學」、「華人教育學」、「華人生命教育」等論述做為「局部知識」的可能。後現代主義是西方世界在二十世紀八○年

代以後風起雲湧的重要思潮，我在「中體外用論」的方法學指
引下，發現源自西方的後現代主義適足以顛覆西方知識霸權的
迷思。「以子之矛攻子之盾」，後現代主義可說是「華人應用哲
學」的最佳伙伴，而「華人教育學」及「華人生命教育」也稱
得上是華人世界最有利的後現代知識。

7.2. 觀　點

　　教育的主要作用在於教師傳遞知識給學生，使之學得生活
技能，順利存活於世。其他動物也有相應的生存學習之道，多
半反映在「嘗試錯誤」的模式中，不適應環境者即面臨淘汰滅
亡的命運，嚴重時甚至出現了整個物種的滅絕。人類突破生物
演化的限制，走出文化演化的寬廣大道，知識的累積扮演了重
要的角色。當其他生物還停留在「適者生存」的地步，人類個
體已經能夠從前人流傳下來的經驗和教訓中「自求多福」了。
現今的知識有兩重功能，一是幫助人們進步，另一則是防止人
類退步；前者偏重利用厚生的科技知識，後者落在經世濟民的
人文知識上。這兩重知識都通過教育活動加以傳遞。為了使專
門教育和素質教育相輔相成，無所偏廢，教育知識學有必要對
知識的性質多所瞭解。以下介紹四位哲學家的知識學觀點，他
們的學說與教育實踐息息相關：杜威、皮亞傑、美國的羅蒂
（Richard Rorty），以及波普。
　　杜威是西方哲學家中最重視教育的人，對杜威而言，教育
哲學乃是整個哲學的基礎與核心。這當然與他的實用主義哲學
觀有關。進入二十世紀以後，哲學日益成為學院的產物，哲學

家要傳播哲學知識非得通過教育的管道，把教育視為哲學核心可說再自然不過的事情。簡單地說，杜威的知識學屬於自然實用主義，強調對自然主義和實驗方法的重視。這種哲學取向可歸於經驗主義傳統，因為杜威是個「實事求是，無徵不信」的哲學家，而他的自然主義觀點完全排除掉超自然的事物。有意思的是，身為美國人的杜威無法完全擺脫基督宗教傳統的氛圍，只好依人本方式來重新定義上帝，這對絕大多數不信教的華人而言，雖說多此一舉，我們卻必須對之寄與「同情地瞭解」。

與杜威所追隨的英美傳統相反，另一位備受教育界矚目的瑞士學者皮亞傑，走的乃是歐陸理性主義傳統的道路。皮亞傑接受心理學訓練，卻強調自己研究的是知識學。理性主義傳統可以上溯至柏拉圖，皮亞傑正是站在這個傳統上，宣稱有一種心理結構是外於人心的：不是人決定結構，而是結構決定人。結構中各元素依一定規則結合而成整體，整體大於部分的組合，具有定向的目的和功能。心理學和知識學便是通過對於結構的瞭解，而掌握人心及知識的奧義。皮亞傑的知識學被歸入結構主義，受到法國人類學家李維史陀（Claude Levi-Strauss）著作流行的影響，結構主義在法語國家大行其道；皮亞傑的心理結構理論更與李維史陀的社會結構理論彼此呼應，成為探索教育實踐不能忽視的觀點。

法語國家結構主義的盛行，有一部分原因是為了打破流行已久的存在主義迷思而生。存在主義強調個人的主體性，認為主觀條件操之在我，自己可以做為命運的主人；結構主義從人類學田野研究得到靈感，認為人無逃於天地之間，客觀形式成之於外在環境和結構，個體根本無法擺脫命運的限制。存在主

義著眼於內在主體性，結構主義凸顯出外在結構性，二者各有
所偏，卻也各有所執，這種作風仍屬於典型現代主義思維。物
極必反，繼存在主義、結構主義流行之後，出現的便是後結構
主義，繼而擴充爲後現代主義，旋即形成一股席捲全球的思
潮，其特徵正是「破執」。原本出身分析哲學殿堂的羅蒂，在
「破執」之後轉向後現代主義，不見容於主流哲學界，只好走進
文學領域。羅蒂對知識學做出「大破」的宣判，揚棄西方哲學
「放諸四海皆準」的傳統，對教育學的衝擊相當強烈。

　　羅蒂所代表的後現代主義路數，放棄「大型理論」，轉向
「小型敘事」，符合建構「華人教育學」的「大破」策略考量。
本書有意積極破除的，正是「中學」以外的「西學」知識霸
權。問題是「大破」之後應有所「自立」而非「不立」，而在
「如何立」、「立什麼」的決定上仍必須有所本，波普的知識學
在這方面對我們甚有助益。波普從科學發展的邏輯和思辨性研
究中，得出「開放宇宙」與「客觀知識」的形上臆測與知識立
場，並據此開出「三元世界互動觀」，其特色乃是肯定獨立於人
心之外的知識世界之存在，亦即「世界三」。知識世界由人心所
創卻客觀存在，同時可以反過來影響人心。把這種「世界三」
的特徵納入後現代脈絡，則建構以中華文化爲本的局部知識便
非不可能。只要逐漸獲得華人社會的認同，這種局部知識還是
有可能成爲強而有力的「中學」客觀知識，而不讓「西學」及
其他外來知識專美於前，全盤佔據華人的心靈。

　　涉足西學三十載，一朝轉向本土文化，我並非民族沙文主
義和文化本位主義者，而毋寧說是受到後現代主義與波普哲學
的啓發；前者讓我「有爲」、「大破」，後者令我「有守」、「自
立」。身爲哲學與教育學的教育工作者，我深覺從中國哲學立場

建構本土教育學的重要與必要，乃在本書中楬櫫此一教育知識學的大方向。自文化根源來看，「本土」以民族國家為單位，其下即不成「本土」而屬「在地」，例於「中國本土」與「臺灣在地」，二者的分判不應混淆。在清楚的分判下，局部知識可以自由發揮，本書因此提倡「各自表述，各取所需」的知識建構。像我對於臺灣官方的「生命教育」多所批判，卻肯定它的哲學形式和開展方向，進而將之轉化為符合「中體外用」綱領的「華人生命教育」。

7.3. 反　思

教育知識學的討論可以從純粹理論的問題到高度實踐的變革，前者如「教育所傳授的知識是『真』的嗎？」後者像「如何通過本土化教育改善外來意識型態藉知識之名形成文化霸權的弊病？」後現代主義的典型作法即通過解決後者來解答前者，其中最具創意的方案，乃出自美籍奧地利哲學家費若本（Paul Karl Feyerabend, 1924-1994）的構想，即是「知識學的無政府主義」。他的提法反映出典型的後現代精神：肯定多元、尊重差異，由此出發強烈反對西方知識的霸權。他曾舉中醫學和占星學為例，西方科學家對這些「另類」學問，在完全不曾接觸更不瞭解的情況下，便視之為不科學而加以排斥，偏偏這些科學家位居高等教育殿堂之上，掌握各種教學資源，形成偏執的學術與教育生態，而使得不符合主流意識型態的知識系統完全無法登上大雅之堂。

這種情況倘若是發生在知識「典範」傾向定於一尊的自然

科學尚無可厚非，一旦進入應用科技就有商榷的餘地；像中醫積數千年之經驗且深具療效，西方社會不接受或可理解，連在華人社會都被西醫排擠實不合理。至於社會科學及人文學等具有歷史社會文化脈絡的學問，讓外來尤其是西方知識獨霸更無甚意義。以美國的大學哲學系為例，上世紀七○年代以前分析哲學當道，歐陸哲學僅聊備一格，中國和印度哲學則根本不見容於哲學系，只好棲身於宗教系內。我舉這些例證是想說明，知識不是價值中立的產物，而是權力流動的結果。培根曾說「知識即力量」，如今則是「知識即權力」；尤其當知識可以經由資訊科技快速傳遞，則不被認可或上不了資訊系統的知識，就可能被淘汰出局。

在「知識－權力」的聯結下，人類知識出現了「主流－另類」、「核心－邊陲」的相對性，強勢的西方哲學很容易佔據了主流及核心地位。一九六○年代，具有顛覆性質的社會運動如風起雲湧般此起彼落，主要針對積弊已久的人類三大偏見──階級主義、種族主義、性別主義；對其加以大力批判革新的動力，則來自馬克思主義、後殖民主義、女性主義。抗議的火種燃燒至校園，全球各地逐不斷出現學生運動；不但學生走上街頭，更有教師參與其中。大學校園過去是知識的象牙塔，如今卻可能成為社會良知的發聲處。而這一切力量的匯集，終於以「後現代主義」之名到處蔓延，勢不可擋。像臺灣的教育改革，就是在反對師範教育系統獨霸的潮流中，藉「後現代」的呼聲加以推動的。

後現代主義其實是一把兩面刃，有利有弊。它的出現，多少反映著「後期資本主義的文化邏輯」，亦即體現出跨國資本主義的內在矛盾；但也唯有步上這一途，方能展現後現代主義的

顛覆力量。這或許正是辯證法的慧見：現行西化的教育體制非要發展到一定的廣度與深度，始能讓人看見它那明顯可見的矛盾；我們也因此能夠以子之矛攻子之盾，藉著後現代的鋒刃，破除源自現代資本主義的教育迷思。教育知識學要由此出發看問題始見意義與價值，否則只是小格局、小方面地討論有關「眞理」的瑣碎問題，無疑見樹不見林。尤其當前哲學的知識學在經驗科學的衝擊下，對「人如何知道」的探索，早已讓位給結合電腦科學、神經科學、認知科學的跨學科交叉研究，甚至發展出「神經哲學」。在此情況下，知識學探究理當回返哲學的人文傳統，爲建構「從人生看宇宙」的知識基礎而盡力。

　　諾丁在其《教育哲學》一書中指出，如今有許多哲學家揚棄了傳統的知識學問題，轉而認爲「眞理」乃是局部的，且屬權力運作下的結果。她接著表示杜威以「被證實的主張」取代「眞理」，而波普則視「眞理」爲難以企及的「受限制的理想」。杜威堅持知識必須「無徵不信」，其知識學接近實證論；波普則從反向契入，主張知識無法完全被證實爲眞，卻能夠通過找出例外而證僞爲假，其知識學被視爲否證論。但無論是實證論或否證論，多少相信一件事，那便是一套說法要成爲知識，就必須含有「普遍眞理」的成分在內。可是後現代主義連這點也不相信，使得知識不復有普遍絕對的意義在內，一切都屬於局部相對的。然而如此一來，教育實踐就格外需要教師多費心。教師不但要讓學生瞭解知識的相對意義，還必須令學生把握「相對性」的眞義。

　　費若本對於「知識學無政府主義」的體認乃是「海闊天空」（anything goes），這不是「爲所欲爲」，而是「順其自然」。無政府主義的理想可以老子思想爲代表，「小國寡民。……鄰國相

望，雞犬之聲相聞，民至老死，不相往來。」（八十章）此種
「小而美」的人生境界，雖然仍有國與國之別，卻因爲人人皆能
自給自足，自得其樂，不假外求，有政府也等於無政府。「華
人教育學」受此啓發，最佳選擇正是朝道家途徑發展，以自給
自足的中華文化爲依歸。中華文化的背景當然算不上「小國寡
民」，但是我們可以選擇走向「劃地自限、自圓其說」的局部知
識，不要模仿西方國家遂行文化輸出式的跨國知識霸權。改善
之道的第一步，便是通過教育管道向華人社會推行「意識覺醒
運動」。

7.4. 討　論

　　站在教育知識學的觀點看，「華人教育學」的知識建構，
正是去推行「意識覺醒運動」。此一運動在近年展現的最佳例
證，即是新科學哲學和女性主義。前者發現現代科學技術已形
成爲西方先進國家的知識霸權，用以宰制非西方國家；後者發
現人類知識大多帶有白種男性的偏見，用以宰制非白種人及女
性。華人社會既非西方國家又非屬白人，在尊重女性和少數民
族的前提下，可以自教育面率先走出自己的大路。教育乃樹人
百年大計，非一朝一夕得以爲功，但是終究必須踏出第一步。
指引教育發展需靠教育學，教育學係由西方傳入，在華人社會
已行之有年，不可能說斷就斷。何況澈底割捨也不切實際，反
倒是加以大幅轉化來得有意義。將西方教育學轉化爲「華人教
育學」的動力，以及在各級學校推動「華人生命教育」的標
竿，正是「中體外用論」指導綱領。

　　受到清末「中體西用論」次殖民論述的啓發與激勵，我爲後現代華人社會所提倡的「中體外用論」後殖民論述，實有著深遠用意和深厚用心。近年兩岸情勢出現了微妙的轉換：大陸像三十年前的臺灣，一切拚經濟；臺灣卻像三十年前的大陸，著眼於政治。而無論是拚經濟還是搞政治，無不需要善用教育管道與資源。拼經濟必須與國際接軌，大陸學生嚮往西方及出國蔚爲風氣；爲改善這種一窩蜂的功利現象，實施「民族文化素質教育」有其必要。搞政治必須強調在地性，臺灣當局不斷進行去中國化；爲防止民族文化斷裂，推動「華人生命教育」屬當務之急。自「華人教育學」立場考量，兩岸的「素質教育」與「生命教育」其實可以合流，形成屬於華人的「生命素質教育」。

　　平心而論，興起於一九八〇年代的大陸素質教育，和開展於九〇年代後期的臺灣生命教育，二者皆各有所本，且涵蓋面甚廣；彼此可以形成交織，但是必須清楚對焦，否則便會流於口惠而實不至。仔細觀之，素質教育具有明確的歷史社會文化脈絡和價值系統，那便是「**中國特色社會主義**」；相形之下，生命教育卻傾向全盤西化的中產階級意識型態，二者屬性明顯相異。不過兩岸華人畢竟同文同種，建構「華人教育學」局部知識，可以從異中求同的大方向上著手。此一進路以融匯貫通下的「**生命素質教育**」爲全人教育的核心，朝向「後科學、非宗教、安生死」的根本理念從事課程設計和教學規劃。「後科學」是以後設觀點批判科學並善用之，「非宗教」是以推廣本**土民俗信仰和人生信念來取代外來宗教信仰**，「安生死」則是**以深度的安身立命來涵蓋線性的生涯規劃**；「後科學」、「非宗教」爲手段，「安生死」則屬目的。

　　「安生死」的眞義乃是有爲有守、自然而然的「後現代儒道家」現世主義，其西方同路人則爲人本存在主義。它的第一步是「御物而不御物」，因此需要「後科學」；其次則應擺脱揚棄對「死後生命」的心理寄託，因此必須「非宗教」。在宗教信仰方面，基督宗教講「永生」，佛教講「來世」，皆屬身後之事；反倒是道教指向「長生不死」的理想，而在現實生活中努力實踐「養生之道」。信仰純屬個人抉擇，我個人認同道家人生觀、欣賞道教民俗性，但無意否定別人的信仰，僅「存而不論」並寄與「同情地瞭解」。身爲教師，我覺得年輕人一旦學得「頂天立地、活在當下」的道理，其餘生活技能的學習便可以全面展開，這正是「從人生看宇宙」的教育途徑，值得所有關心華人教育發展的朋友深入體察。

　　本章介紹教育知識學，知識學在西方曾被稱爲「大邏輯」，以對照於理則學的「小邏輯」；這表示知識學同理則學一樣，是針對事物之理而言的。人們一旦瞭解事理，常說「我知道了」，「知道」便意味認識事物的道理。人間事理構成一系列的知識，知識的傳承靠教育，尤其是學校教育。學校教育制度源自西方，不表示教學的內容也要全盤西化；把西方的知識學問轉化爲適於華人所用，理當是教育工作者的責任。爲了認清教育的大方向，華人教育工作者有必要先對眼前各式各樣的知識系統，進行教育知識學的反思與批判，從而肯定「從人生看宇宙」的優位進路。本書一再強調，人生觀沒有放諸四海皆準的可能與必要，它需要考慮個人所生活的時空脈絡再加以確立。教師協助每個學生建立自己的人生觀，而後才有家庭事業發展可言。

　　獲得1957年諾貝爾文學獎的法國存在主義哲學家卡繆

（Albert Camus, 1913-1960），在其二十八歲完成的哲學論著《西齊弗神話》之中，開宗明義便表示，只有一個哲學問題是眞正嚴肅而重要的，那便是自殺；一個人判斷自己到底要不要活下去，比其他所有哲學考量都來得迫切。卡繆所言的自殺不等於厭世的解脫，而是針對人們渾渾噩噩地活著、雖生猶死地自我放棄。存在主義意義下的「存在」，並非泛指一般事物的呈現，而是專指勇於負起人生責任、把命運操之在己的行動者。至於其他不知反思人生意義、一味隨波逐流的人，便與各種事物無異，只是位於時空之中而已。以此觀之，學校所傳授的知識，能維繫個人生存固然要緊，讓學生找到人生的方向更爲重要；後者的知識內涵，無疑便是「生命的學問」。

再　思

1. 培根認爲「知識即力量」、笛卡兒主張「我思故我在」，請對其中的知識學意涵加以闡述。

2. 舉例說明何謂「大型理論」和「小型敘事」，並對其間的轉折加以評論。

3. 生物演化是一系「嘗試錯誤」的過程，波普認爲知識演化也遵循同一模式，請對此進一步說明。

4. 後現代主義具有「肯定多元，尊重差異」的特性，有人擔心如此一來會造成價值相對主義，你以爲然否？

5. 在教育改革的呼聲中，兩岸先後推動實施「素質教育」和「生命教育」，你認爲匯流成爲「生命素質教育」有否可能？

6. 「意識覺醒運動」出現在許多方面，並造成廣泛影響，像性

別教育、死亡教育等，請據此反思「教育本土化」的意義。

生命的方向

　　我是個好讀書不求甚解的人，傾向於空靈玄想，對系統化的經驗知識經常沉不住氣，因此難以學得專精，如今雖忝為哲學博士和大學教授，卻必須承認自己只能夠並適合教通識教育人文課程。在大學任教仍必須遵循學校體制的遊戲規則，像我教通識課壓根兒不希望考試，甚至連「報告」都不打算讓學生寫，充其量交一篇學習「心得」來結算成績。這種放羊吃草的作風自不易為校方所理解，乃叫我寫「報告」交代所為何來。我為了息事寧人，只好從善如流按時考試，但是考題仍為自由發揮的學習心得。當然這種事情只發生在我教的通識課程諸如「生死學」、「人生哲學」等科上面；在我看來，這類課程讓學生寫篇遺囑或寫段人生感言，比起綱舉條列的考試或引經據典的報告來得有意義許多。

　　西方知識學關注的是客觀普遍的「真知」，並認為與此相對的乃是主觀個別的「意見」；唯有真知方能登上學術殿堂，意見則代表個人想法，只有靠邊站的份兒。這種對「真知」的看重不斷發展擴充，遂演變成為今日備受重視的科學與技術知識，可以藉著考試有效評量學習成就。問題是從古至今許多思想家、哲學家的個人「意見」，不也被整理成有條理的學問在課堂上講授嗎？這些主觀學問究竟要

像客觀知識一樣給學生記憶背誦以應付考試，還是要讓學生心領神會以期對人生產生潛移默化的效果？我以自己做學生和當老師的長期體驗反省思考，得到的結論乃是：人生哲學考一百分的學生，並不表示他一定做人及格；而考試當掉的學生，也不見得人生一敗塗地。

　　和身邊一些教電腦、教管理，甚至教歷史的同事比起來，我發現自己所教的課程，的確在學生心目中有另一層意義。記得有回我問一群學生為何選修「生死學」，一名設計科系的女生表示，就是聽說這門課要寫遺囑才來上，並強調遺囑早已寫好就等我收繳，後來果然發現她對後事交代得洋洋灑灑，學習對她而言不啻為一場生命的洗鍊。這便是我心目中「生命的學問」，它可以是課堂上講授的知識形式，卻足以在學生成長的心路歷程上，開創充分的附加價值。我不認為客觀的考試評量能夠促成這種附加價值，表達個人意見的心得書寫卻可以。有學生質疑我是如何有效評分？我指出一個重要的標準，便是在心得文章中讀得出一個鮮活的「你」。其實我真正希望的，乃是學生藉此機會好好反觀閱讀自己，從而真正活出自己。

8. 教育倫理學

8.1. 問　題

　　「教育哲學」一科在臺灣對有志擔任中小學教師或從事教育行政的人而言，是很重要的考試科目，有些研究所入學考試也選考這一科。加上自2005年春季正式上馬的中學以下教師檢定考試也將它列爲必考，使得教育哲學成爲所有哲學分支學科中最有「價值」的一門，因爲它可能是補習班唯一能夠生員廣招、財源廣進的哲學課。不只是補習班的熱門課程，也是參考書的重點科目，坊間以「教育哲學」爲名的著作早已不下數十種。這類書一般開宗明義便是下定義，其中對「哲學」的定義最常見的乃是三分法，亦即將哲學分爲**本體論、知識論、價值論**三者。這與本書對哲學的分類並無甚出入：本體論即是存有學，屬於形上學的一環；知識論等於知識學；價值論則包括倫理學與美學在內。本章介紹教育倫理學，係取其廣義，即討論教育價值論。

　　將教育倫理學擴充爲教育價值論，可以把美學議題納入其中；事實上，嚴格意義的美學創始於十八世紀，而視眞善美爲一體的希臘哲學，則以探討「善」的倫理學去涵攝「美」。不過我嘗試把美感體驗納入倫理考量，還有另外一層用意，那便是藉著寫作本書的機會，通過「華人應用哲學」視角，勾勒出華人倫理學與西方倫理學的不同風貌。簡單地說，西方倫理學繼承蘇格拉底「知德合一」的傳統，以理性眞知指引道德實踐；而華人倫理學主要反映出儒家「尊德性、道問學」的傳統，以道德實踐爲根本知識學問。順著不同的精神傳承，西方倫理學

體現出智育的面向，中國倫理學卻透顯出情意教育的眞義，從而有可能開展出豐富的德育和美育內涵。此外做爲應用哲學核心的應用倫理學，也有兩個重要內容可列入教育倫理學議題。因此本章將考察**生命倫理學、性別倫理學、德育、美育**四大議題。

「生命倫理學」的前身是醫學倫理學，二十多年前美國有位哲學家發表一篇宏文〈醫學如何挽救了倫理學的命脈〉，指出醫療科技日新月異所反映的生死攸關道德抉擇，爲長期流於空談理論原則及謹守概念分析的西方倫理學帶來一線生機。形成於十九世紀初期美國醫療界的醫學倫理學原本只談醫師道德，至二十世紀八〇年代因爲醫學與生命科學的結合，擴充爲處理生死抉擇的生命倫理學。生命倫理學在臺灣已列爲高中「生命教育」課程八科之一，名爲「生命與科技倫理學」，以包含資訊倫理學和環境倫理學在內。在我看來，生命倫理學與生死學有相當大的重疊面，像墮胎、自殺、安樂死、安寧療護等課題，都有必要讓學生瞭解，並懂得反思，以實現初步的「安身立命」。近年學生自殺事件頻傳，教育倫理學更應該責無旁貸地推動以生命倫理學爲主題的生命教育。

生命教育還包括另外一個重要的應用倫理學課題，那便是「性別倫理學」，授課科目稱爲「性愛與婚姻倫理」。臺灣自九〇年代末期開始推動「兩性平等教育」，近年已改稱「性別平等教育」，這代表一種意識覺醒。「兩性」是以性徵區分，亦即**生理功能上的男性與女性**；「性別」則納入角色扮演，亦即**社會功能上的陽性與陰性**。事實上，不管是男性還是女性，在整個人格特質中都是陰陽兼備的。過去的社會過分強調性別角色的刻板印象，使得男人必須陽剛，女人一定陰柔，不免窄化了人性

中可能的潛能發揮。倘若教育系統也在有意無意助長這種刻板印象，更會造成社會力量無形的損失。因此通過教育倫理學的反思，自教育的起點和立足點正本清源，推動「**性別主流化**」，理當成爲今後教育的重要策略。

在以生命倫理學與性別倫理學爲主要內涵的生命教育及性別教育推展下，傳統的「德育」始具有轉化和創新的意義。過去臺灣的小學和國中有「生活與倫理」、「公民與道德」等學科做爲德育的內容，如今實施九年一貫課程則將這些內容消融到各領域教學當中。根據國民教育學者但昭偉的分析：「**道德教育的核心是讓學生能成功的參與各種社會活動，能成爲社會活動的一員，瞭解並接受社會活動的規範、目的、及其精神，並能有能力來扮演好自己的社會角色，進而能改善社會活動，追求更理想的社會生活。**」（《道德教育——理論、實踐與限制》第二章）由此可見，德育的著眼處乃是個體與群體兼顧、二者不可偏廢，此與華人倫理學將重心擺在人際關係而非個人自律上，可說是充分呼應的。

將「美育」納入教育倫理學之中討論，可以從美學創始者德國哲學家包佳頓（Alexander Gottlieb Baumgarten, 1714-1762）和教育學創始者赫爾巴特的觀點中找到支持。包佳頓認爲美學研究「審美」，意指一個人通過感受、感覺、直覺去把握事物，此與反思式的「眞知」相對。赫爾巴特受到包佳頓的影響，對美學取其廣義，視爲「**對於快樂與痛苦的評價及判斷之研究**」，美學在此以心理學議題爲基礎，向上開展出倫理學探究。本章同樣採取廣義立場，嘗試將中國人生哲學融匯貫通於美育與教育之中，以提倡「**生活美學**」做爲教育倫理學的一個側面。如此一來，美學不但可以讓學生懂得欣賞「藝術美」和「自然

美」，更能夠在現實世界中開創理想的「生活美」。就中國哲學家而言，莊子的倫理學可說是生活美的實踐，這也正是我所肯定的美育根源。

8.2. 觀　點

本書標榜「華人應用哲學」取向，而應用哲學乃是西方世界在上世紀八〇年代以後的產物，其特色是少談形上學和知識學，而以應用倫理學為重心。從應用倫理學觀點看，教育倫理學屬於其中的一環。應用倫理學可說是「解決問題導向的價值思考」，在這層觀照下，教育倫理學呈現出兩層意義：「一階實踐意義」指向「教育活動應以華人應用哲學為核心價值」，「二階後設意義」則指向「教育學應通過華人應用哲學來重構」。由於「華人應用哲學」來自西方倫理學的轉化，討論教育倫理學的重要觀點，有必要回到西方倫理學的脈絡中去考察。透過後現代的視角考察，西方倫理學可分為「正義倫理」和「關懷倫理」兩大陣營，前者包含德行論、義務論、效益論三種重要觀點，後者則以關懷論為中心。

教育哲學家諾丁將教育倫理學的討論分為前啟蒙、啟蒙和後啟蒙三個時期，以亞里斯多德的德行論為前啟蒙時期倫理學代表，康德的義務論和英國哲學家穆勒（John Stuart Mill, 1806-1873）的效益論為啟蒙時期倫理學代表，而以自己所開創的女性主義關懷論為後啟蒙時期倫理學代表，並以杜威的實用主義倫理學做為啟蒙向後啟蒙過渡時可予批判的觀點。杜威是胡適的老師，且曾到過中國訪問講學，對華人倫理學從本土思想走

向西化觀點有所影響。二十世紀大部分時間裏，華人倫理學都走在「揚棄儒道舊傳統、迎接西方新思潮」的道路上；這些新思潮從現在看來均屬於正義倫理一系思想。而當與之相對的關懷倫理在九〇年代被引入華人世界後，學者便開始尋找其與本土傳統思想銜接的可能。過去有人將儒家思想和精神視爲與德行論相仿，今後大可在關懷倫理的激勵下，開展出「後現代儒道家」的路數。

回返源頭看，亞里斯多德德行論和儒家思想都具有「生活化」的特色，此與後世倫理學充滿哲學思辨的性質大異其趣，這也正是德行論到如今再度被重視的主因。「德行論」強調，**一個人必須在其身處社會向具有高尚德性的楷模加以效法學習，由此成就自己的德行人生，而教育的目的正是要教導出有德之士**。德行論一般歸爲正義倫理的古典形式，亦即以維繫社會上的公平正義爲標準來看待事情。亞氏德行論在此出現盲點，例如他從公平正義考量出發得到許多高尚德目，卻不認爲蓄養奴隸是罪惡，只要有德之主能善待其奴。這顯示出在既定的歷史社會文化脈絡中，有許多值得商榷的問題無法清楚被看見，一直要到後世方能有效檢討。德行論所認定的德性和德目，其實有可能隨著時代社會不斷變遷。如何推陳出新，將是它和其他正義倫理觀點必須持續面對的處境。

西方倫理學走到近代，被荷蘭理性主義哲學家斯賓諾莎（Baruch Spinoza, 1632-1677）高度形式化，他的倫理學著作標題爲《按照幾何順序證明的倫理學》。這種唯理精神過了一百年被康德所繼承，康德認爲道德實踐的基礎是純粹理性，而純粹理性乃是一種發自內在、不假外求的存有。在《道德形上學基礎》一書中，康德確認人類乃是理性存有，不受經驗所左右，因此

得以自由地活動，包括行善與自律。「自律」是指人必須接受由衷而生的「絕對命令」而自我規範，就像是在盡義務，因此康德的倫理學被稱為「義務論」。由於絕對命令規範了一切倫理道德的普遍意義，它乃表現為律則性的普遍形式，而非針對現實狀況的個別指示，這也讓義務論倫理觀傾向於依原則行事，後世強而有力的「原則主義」即本於此。

　　當康德在德國建構其完全訴諸理性推衍的倫理觀，海峽對岸的英國卻在經驗主義傳統下進一步開展了貼近現實生活的倫理反思。以邊沁（Jeremy Bentham, 1748-1832）為始的「效益論」思想，將倫理道德問題與社會政治活動放在一道來思考，得出「為最大多數人追求最大幸福」的道德原則。然而此一原則一旦推廣，勢必會導致「犧牲小我，成全大我」的要求，而讓個人權益受損。將效益論倫理觀加以轉化的哲學家乃是穆勒；當邊沁的道德原則以法律為落實手段時，穆勒則訴諸社會精英的道德反思，由此體現「個人主義」不止包括「利己」，還蘊涵「利他」思想。這代表了效益論的擴充，得以照顧到所有人的利益。效益論在中國又被稱為「功利主義」，以凸顯它的重「利」傾向。雖然效益論與義務論相對，但是它們都十分看重公平正義的原則，因此也屬於原則主義的正義倫理學。

　　與原則主義正義倫理學真正相對的，乃是源出女性主義的脈絡主義關懷倫理學。女性主義通過意識覺醒，發現世間倫理價值和道德原則幾乎完全由男性決定，更明顯反映出男性的心態與作為。例如男性經常強調公平正義並依原則行事，同樣處境讓女性抉擇，可能會強調關懷照顧且看情況而定。許多人乍聞此說可能會覺得不可思議，但是在一九八○年代美國教育心理學家吉莉根卻對此作出有力的經驗性研究。二十一世紀在時

序上屬於當代，在時代精神上卻瀰漫著後現代「肯定多元、尊重差異」的特性。被歸入後現代陣營的關懷倫理學，可說是整個西方「主流」倫理學的「另類」。雖然女性主義近年積極爭取「性別主流化」，且已有所成就；但是站在「華人應用哲學」的立場看，「主流」與「另類」之分其實都是西方價值的反映，「中體外用論」僅視之為「外用」的方便分判，與「中體」的核心價值無甚關聯。

8.3. 反　思

倫理學研究倫理道德問題，在中國主要是處理「人際關係」，例如「五倫」；在西方則著眼於「個人自律」，例如醫學倫理「四原則」。西方倫理學有一種最極端的情形，稱之為「唯我主義」，主張「唯我獨尊，無視他人」；此與「個人主義」不同，後者希望「肯定自己，尊重別人」。而跟「個人主義」相對的則是「集體主義」，從「家族主義」到「國家主義」、「民族主義」、「社會主義」皆屬之。上述這些「主義」除唯我主義外，並不見得互相衝突，只是關注的焦點重心不同而已。其實倫理學再怎麼討論，出發點還是得回到個體。倫理生活會訴諸個體的感性面，亦可能傾向理性面，但二者皆各有所偏。改善之道係將其辯證提升至悟性面，而以「感性—理性—悟性」的生活呼應「常識—知識—智慧」的境界。「哲學」本意是「愛好智慧」，倫理實踐正好由其中得到豐富的活水源頭。

與其他理論性強的哲學分支性質相異，倫理學和美學具有高度的實踐性，因此被歸為「價值論」。價值論涉及價值判斷，

它不像事實認定有清楚真假可言；價值判斷取決於人心中那把尺，用以決定是非、善惡、對錯、好壞、美醜等等，難免會出現爭議。雖說爭論一幅畫美不美也許不致太傷感情，但判斷行為舉止是否合乎孝道卻意義重大。像漢人基於慎終追遠而講究厚葬，看見藏人把至親遺體置於高山任憑鳥噬的「天葬」習俗，恐怕會認為大逆不道。西方倫理學與社會科學交織形成「描述倫理學」，針對不同族群的道德民俗加以記錄描繪，但不作價值判斷。「描述倫理學」相對於「規範倫理學」，後者要對一個族群的成員加以規範，勢必要作出價值判斷，問題是以誰的判斷為標準？

　　教育場所其實是一個具有高度規範性所在，尤其是道德教育，可說「無規矩不能成方圓」，但是「規矩」往往隨時代不斷變遷。記得三十年前臺灣年輕人流行蓄長髮，軍訓教官和警察卻在校門口及街頭提著剪刀抓人，以「維繫善良風俗」；曾幾何時，如今即使連頭頂染得像金髮洋人，也不致讓人大驚小怪。由此我們可以得到啟發：道德教育不但要讓學生瞭解一些道德規範，更應該讓他們瞭解規範的來龍去脈，使學生體會到所有的倫理價值都有一定的時空脈絡。至於有沒有普世價值？在全球化已成趨勢的今天，不能說沒有，但是必須通過「多元文化」的視角來體察。尤其是在教育面，華人社會的教育工作者理當自覺地將民族文化因素列入考量；不止是發揚光大，也包括批判改善，就是不應無視其存在。

　　自從鴉片戰爭以後中國門戶大開，西風東漸勢不可擋，大約經歷了一個半世紀的嘗試錯誤，終於走出了一條明顯的變革道路，包括過去二十多年間大陸的經濟發展和臺灣的政治轉型。這些變革落實在個體身上，就反映出一定的倫理需求。像

大陸商業普及，需要講究人際誠信；臺灣推行民主，有待強化族群包容。如今這些涉及生活各層面的倫理反思與道德抉擇，都已納入應用倫理學的範圍，從而成為道德教育的主要內容。應用倫理學可視為規範倫理學的轉化與擴充，至少在兩岸四地的華人社會中，它應該在「中體外用論」的指引下，以「儒陽道陰、儒顯道隱、儒表道裏」的「後現代儒道家」為核心價值，並善用西方的「關懷論—德行論—效益論—義務論」倫理學。上述四種西方倫理觀的重要性是有一定順序的：**以關懷論將德行論情意化，以效益論將義務論現實化，再以關懷論將效益論人性化。**

　　「中體外用論」以「後現代儒道家」的「中國人文自然主義」為「中體」，亦即理論的「硬核」。「硬核」之說源自匈牙利科學哲學家拉卡托斯（Imre Lakatos, 1922-1974），他是波普的學生，主張以「研究綱領」去看待各種知識理論。所謂「研究綱領」，包括具有不容反駁和改變的穩定性與確定性之理論「硬核」，以及外圍可以隨時調整和改變的「保護帶」。以「中體外用論」為例，「中體」即是不容改變的「硬核」，「外用」則屬隨時調整的「保護帶」。我必須承認與強調，提倡「後現代儒道家」做為「華人教育學」的「中體」部分，是從民族情感出發，通過學術理性反思，所達到的一種生命實踐的領悟境界。這種領悟來自人生信念，教師無需勉強自己接受，也不必強加給學生，一切順其自然。我只希望自己「不同的聲音」能夠讓讀者聽到，而成熟的社會也有必要包容與傳播各種聲音。

　　我提倡的乃是「後現代儒道家」意義下的「華人教育學」，其價值論立場可以分為「中國人文主義」的關懷倫理學和「中國自然主義」的生活美學兩方面；人文主義開展人文關懷，自

然主義回歸自然而然。中國人文主義的典型與根源是先秦儒家，以孔子、孟子、荀子三人思想爲代表；中國自然主義的典型與根源是先秦道家，以楊子、老子、莊子三人思想爲代表。歷來多推崇孔孟或老莊，卻相對忽略了荀況和楊朱。值此後現代多元社會，二人較爲「基進」的立場其實相當值得深思。過去臺灣的道德教育只談儒家不論道家，談儒家又集中在孔孟學說，而對荀子思想多所批判，認爲他倡言「性惡」導致法家流行。平心而論，春秋與戰國時代原本即世風日下，多元論述乃針對時弊而發，各種說法其實都具有振聾啓瞶的作用，根本無需定於一尊。漢代至民國長期獨尊儒術，卻使其意識型態化，我認爲正本清源此其時矣！

8.4. 討　論

　　西方哲學原來是一門無所不包的學問，其內容甚至涵蓋今日所說的「科學」與「技術」。這種情形大約維持了兩千三、四百年，直到十七世紀科學革命以後，知識開始逐漸分工，哲學也就日益窄化成爲目前這番景象，予人強烈的理論思辨、無甚用處的刻板印象。事實上，即使當今的哲學已經屬於學院內的知識，它還是保留許多面向實踐、可以操作的部分，倫理學便是最佳例證。只是英美傳統在二十世紀將倫理學導入概念分析的途徑，而遠離了現實生活，因此乃有應用倫理學和應用哲學在英國興起的情形；另一方面，英語國家以外，包括華人世界的倫理學發展，始終並未脫離實踐路線。然而在全球化的趨勢下英語當紅，英文資訊傳播迅速，標榜「應用」的學問也大行

其道。身處華人世界，我們不必力挽狂瀾，而應順水推舟，將西方強調「應用」的知識轉化爲己所用，開出「華人應用哲學」進而建構「華人教育學」。

做爲應用哲學主幹的應用倫理學，以生命倫理學方面的議題廣泛引起社會大眾矚目，像是墮胎、安樂死、自殺等等。近來所謂「白色巨塔」事件爭議不斷，亦即大型醫療機構之中的醫病關係和醫師道德的問題。這些問題的解決之道有一部分必須回到醫學專業教育和一般通識教育上面去。目前醫學教育中雖然包含醫學倫理學，但似乎僅聊備一格，淪爲營養學分。倘若要求醫療人員遵循倫理道德不易見效，教育只好從另一面加以落實，那便是消費者權益的爭取與維繫。過去醫病關係偏向「家長主義」，加上華人有息事寧人的心態，容易成爲醫療糾紛下的弱勢受害人；如今受到西方文化影響，「消費者主義」大張旗鼓，足以帶動正義伸張，包括醫療資源的合理分配等。倘若能夠將倫理學的公平正義和關懷照顧兩大理想一併實現，則不啻向人間幸福大幅邁進。

藉由教育管道推動對於生命倫理的關注，有可能讓人們正視生死問題、改善醫病關係。同樣地，倘若能夠有效實施性別教育，多少可以有效遏止種種性別歧視以及性騷擾和性侵害事件的發生。從歷史上看，男尊女卑是一種相當古老的社會現象，起因當跟農業社會男性爲主要勞動生產者有關；連美國如此先進的國家，女權也只是在百年前才開始伸張的。然而時至二十一世紀，人類已經從勞力社會轉型爲腦力社會，而女性的頭腦非但不比男性差，甚至有超過之處。如果我們能夠通過性別倫理教育，強化女性的公平正義意識和男性的關懷照顧意識，讓每個生爲男性或女性的個體，都有可能充分發揮自己的

陰性與陽性雙重社會角色，達到相輔相成、無所偏廢的境地，則同樣是為締造人間幸福作出重大貢獻。

上述生命倫理和性別倫理課題，只是構成應用倫理學的一些側面，還有許多重大課題可以發揮，例如環境倫理、企業倫理、金融倫理、資訊倫理、傳播倫理、旅遊倫理等等。這使得應用倫理學的面貌豐富多元，大大超過了過去道德教育所講授的抽象德目所涵蓋的範圍。因此有些學者主張以務實的倫理教育來取代和擴充既有的道德教育。不過我認為無論是稱作「倫理教育」或「道德教育」，其內容必須堅持「有所變有所不變」的立場；變的是**與時俱進的倫理學知識**，不變的是**做為共同的歷史記憶與民族意識之文化主體性**。道德教育有其規範性和包容性，它可以在有容乃大的情境下從事道德教誨及勸說，讓華人能夠彰顯自身的民族文化主體性，同時尊重其他的民族文化。

中國大陸人口已於2005年初突破十三億大關，暫不論星、馬兩國，僅港、澳、臺三地也有三千萬華人在生活，這眾多華人有九成三屬於漢族，受的是中華文化的薰陶，大約佔全球六十四億人口五分之一。中華文化的核心價值是儒道二家思想，加上魯迅所言「**中國根柢全在道教**」，這些價值系統大致形成華人日常的「生活美學」氛圍。不同於藝術美和自然美的重於欣賞成分，生活美主要集中在操作面，甚至可說是創作面，亦即以生命實踐去體現。華人生活美學偏向道家、兼及道教，不重言說，而以體驗為主；由於涉及安身立命之道，因此也兼具倫理學和美學意義，可以在價值論的架構下，通過德育和美育管道一併加以落實。其內容其實不妨兼容並蓄，例如禪宗美學，倘若不論其宗教信仰部分，仍有其可取之處。

　　總而言之，教育倫理學既涉及**教育實踐的倫理反思**，也包括**倫理反思的教育實踐**，二者雖然看似取向不同，其實在赫爾巴特的教育學構想中乃是殊途同歸的。當倫理學決定了教育的目的，則教育活動本身便具有豐富的倫理意涵。像中華文化長期以儒家爲主調，孔子則是被稱爲「至聖先師」的教育家，中華文化便反映出無所不在的倫理教育實踐。雖然在西風東漸後教育步上專門化、專業化的途徑，但是教育本身仍是極具倫理道德特質的社會性活動。幾乎所有人都當過學生，社會上也有不少人以教育爲業，教育學在進行哲學反思時，確實應該將重心放在倫理學。本章做爲第二篇的結尾，其實也代表對第一、二兩篇教育學理念方面的總結。接下去要介紹的則是教育實務方面的課題，包括課程、教學、師資培育和教育管理。

再　思

1. 以「價值論」包括倫理學與美學，可以涵蓋行善與審美的人生，請對此加以闡述。

2. 臺灣官方所推行的「生命教育」，表現出充分的「倫理教育」面貌，請查閱文獻舉例說明之。

3. 請闡發「性別平等教育」的大意，並考察其實施的可能性與限度。

4. 有人把道家的楊朱視爲極端功利主義者，並指責其自私自利，請對此加以正本清源，究其深義。

5. 華人倫常過去傾向「家族主義」，以家族爲基本單位，個體則歸於家族，請評論其利弊得失。

6. 我們常講「五育並重」，並以德育為首，但實際上卻是智育獨大，請問有何改善之道？

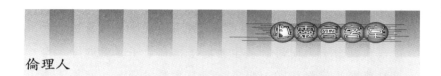

倫理人

　　常聽說我們是「政治人」、「經濟人」、「社會人」等等，意味著跟政治、經濟、社會生活脫不了關係。順此思考，則每個人也都是「倫理人」；先不談倫理道德，即使是人際關係也無所不在。長期以來，我對倫理學的理解，便是視其為探討人際關係道理的學問，算算終不出儒家所分辨的「五倫」。正是這五種類型的人際關係，將我們塑造成為「倫理人」。

　　先談「君臣」關係，現在是民主時代，至少兩岸四地華人社會都沒有君臣之屬，但是上下關係卻始終存在。上下關係大多指向長官部屬關係，在學校裏還有師生關係。我身為教師，卻不喜歡管學生，認為最理想的情況為「亦師亦友」。好在現在主要教的是研究生，在他們眼中我應該不是高高在上，而是可與之論學談心的朋友。此外當陽春教師還有一個好處，就是只要按規矩上下課，學校也不會管我，真正做到「海闊天空，自由自在」的境地。

　　再談「父子」關係，現今同樣應該擴充為親子關係，而且分為對上和對下兩方面。我因為抱持無後主義，所以沒有子女的後顧之憂；倒是老父九年前以八五高齡壽終正寢後，如今年屆八八的老母依然健在，僅行動稍有不便而

已。母親一向對後事很想得開，但是我還是覺得「慎終」有其必要，這包括臨終關懷和料理善後，多少也算是孝道的表現。

「夫婦」關係雖然假定有婚姻關係存在，但是身處多元後現代社會，男女同居甚至同志結褵都已不算新鮮事，而且只要雙方互有信諾，也可以視為實質夫婦。我結婚至今正好二十年，沒有子女反而更容易體察夫妻相處之道。婚姻不是床上多一個人、桌上多一雙筷子那麼簡單，而是生活史和人生觀的交織，凡事講究協調與包容，否則還不如「一人吃飽，全家不餓」的單身生活來得輕鬆。

「兄弟」關係原來反映長幼有序的倫常，如今即使擴充為手足情誼仍嫌不足；因為兄弟姐妹長大了，常因學業或工作而各奔西東，終年難得一見。倒是同窗與同事朝夕相處，榮辱與共，有機會培養成比朋友還要深厚的兄弟情誼。目前許多學校都有學長姐和學弟妹的傳統，美國大學也有兄弟會和姐妹會的社團組織，都表示出同學關係的熱絡。

至於原先意指同學的「朋友」關係，現在的內容已變得相當廣闊。「獨學而無友，則孤陋而寡聞」是它的古典意涵，今天卻流於泛指吃喝玩樂的一伙人。我認為恢復它的古義，可以算是一種創新。朋友在一道，論學談心方能彼此提攜，否則還不如作自了漢，自求多福，自得其樂。人際關係理當有所增長，而非相互抵銷，「倫理人」的真義即在此。

第三篇

教育學做什麼

W H A T I S P E D A G O G Y ?

9. 課程論

9.1. 問　題

　　爲了解答「教育學是什麼」的問題，本書分別從「教育學有什麼」、「教育學爲什麼」、「教育學做什麼」三方面來加以鋪陳，而這三篇內容本身也反映出一系辯證的發展：先對教育學四門基本分支學科既有論述進行描繪，再通過哲學視角對教育學的本質多所反思與批判，最後則站在統整的位置考察教育學四門實務分支學科，以盡可能呈現教育學既廣且深的面貌並賦予其意義。現在進入第三篇〈教育學做什麼〉，首先討論課程問題，上海華東師範大學出版的《課程與教學概論》一書對之定義如下：「課程是按照一定的教育目的，在教育者有計畫、有組織的指導下，受教育者與教育情境相互作用而獲得有益於身心發展的全部教育內容。」由此可見課程包含實施過程和結果內容兩重面向，以下即據此將課程分爲教師的教學科目、學生的學習經驗、官方的文化再製、民間的社會改造等四個問題來討論。

　　課程做爲「教師的教學科目」，與教師與學生的日常經驗多少相吻合。像臺灣九年一貫課程實施前的分科教學，所有學生使用統一教材，教師依明定科目授課；大學則有通識與專門課程，在系統規劃的課程下再細分許多科目授課。把課程分成許多科目來講授，所依據的乃是知識的分類，這些分類反映出人類思維的內在理路，以及其所生存社會的外在條件。像中國古代的禮、樂、射、御、書、數等「六藝」，古希臘的文法、修辭、辯證、算術、幾何、天文、音樂等「七藝」，各自體現了東

西方文明的精義，可視爲後世課程設置的嚆矢。課程分化不斷開展，會出現「術業有專攻」的局面，雖然可以深入探究，卻也有可能見樹不見林。當中小學屬於通才教育，中小學教師卻仍來自專門科系時，課程統整的實施恐怕就會出現困難。

要改善中小學分科教學的困境，除了將學科統整爲學習領域外，更重要的是以全方位思考去評估教育的方式是否有需要調整。將課程視爲「學生的學習經驗」，正是相對於課程做爲教師的教學科目之逆向思考。教育活動表現爲「教師教、學生學」並無可厚非，但是教師教學的內容卻有很大商榷餘地。過去的教育一向是教師提供相關課程，其實教育也需要探詢學生需要何種課程。看重學生學習經驗的課程觀主要源自杜威的看法，課程在此是指學生體驗到的意義，而非教師講授的內容。杜威認爲「教育即生活」，學科分化是成人心智活動的結果，卻與兒童的生活經驗不盡相應。因此課程設計應符合兒童學習的需求，培養兒童參與社會生活所需要的知能和態度。不過這種兒童本位的教育，教師仍居於樞紐角色，「放羊吃草」反而不切實際，甚至不負責任。

課程可以被界定爲教師講授的知識內容，或是學生學習的實際體驗，這些都屬於微觀面的考察。在此之外，有關課程的問題還可以從宏觀面來切入：將課程視爲官方性文化再製，或是相對於此的民間性社會改造，均有其宏觀意義。把課程視爲「官方的文化再製」，是從政治觀點加以理解，亦即表示政府根據官方需求來規範教育活動，課程設計必須反映社會文化的價值。學校在此屬於由社會的經濟基礎所決定的上層建築之文化體現。此一問題可以從教育社會學的理論基礎中找到分析的線索：功能論看見教育的正面意義，亦即讓學生逐步社會化，以

符合包含保守立場和官方意識型態的主流價值之要求；另一方面，衝突論則注意教育的負面意義，而採取一些手段讓學生不要學做順民，這正是下面一種觀點的用意。

　　把課程看做發自民間的社會改造過程，可說是對前一種官方主導課程觀的批判。「民間的社會改造」觀點非但不希望讓學生適應既有的社會文化，反而要鼓勵學生擺脫體制的束縛，這與後現代思想所主張的「海闊天空」不謀而合。後現代的流動性極易展現核心與邊陲的易位與騷動，大到課程設計，小到論文書寫，都有機會不斷被顛覆。不過民間力量卻也有可能被官方收編，形成體制內的權力角逐。像臺灣的教育改革原本屬於民間學者的遠大理想，一旦納入官方政策後，便成為非師範系統對抗師範系統的角力場域，造成改革措施匆匆上馬，讓學校、教師、學生、家長都難以適應，只好一改再改，可憐的學生也就成為教改實驗下的犧牲品。適當的作法應該是由教育專家去推動改革，民間力量做為監督機制，各司其職，方能達到相輔相成的效果。

　　課程論的四大問題其實可以分為「微觀」和「宏觀」兩組問題來看，每組問題之內存在著相對的立場，但是並非不能取得協調。像把課程當做一系教學科目，這並沒有錯；困難可能出現於過早分科及分科太細，讓孩子不知所學為何。分科教學最明顯的莫過於職校、專科及大學所設置的科系，這其實是根據職業類別而設計，以因應學生未來方便就業，但是也不應忽視年輕人的興趣。我覺得教師的教學科目應該跟學生的學習經驗辯證地發展，形成為兼顧學生經驗的教學科目。同樣道理，官方的文化再製也必須將民間的社會改造理想納入考慮，盡可能加以配合，以降低政策施行的阻力。教育實踐並非一蹴可

幾，而是「循序漸進，更上層樓，止於至善」的努力，要不斷
化阻力為助力，始能真正造福莘莘學子。

9.2. 觀　點

　　教育學做為一門學科只有兩百年歷史，在這期間，教育學
一方面跟史學、哲學、心理學、社會學保持良性互動與對話，
一方面也在努力開創屬於自身的核心內涵，像是課程論、教學
論、師資培育、教育管理等等。倘若要指出教育學與其他學科
有何明顯獨到之處，那便非課程論與教學論莫屬。值得注意的
是，當二者在教育學內部發展之際，卻也產生自力更生的可
能；至少「課程與教學」做為獨立的單一科目，在臺灣已能充
分自給自足，像是獨立的系所、學會、期刊等均一應俱全。不
過本書仍然是把課程論和教學論視為教育學的核心組成成分，
並且分章加以介紹。有關課程的理論眾說紛紜，本書依照教育
哲學的發展，針對前述四大問題，提出四種相對應的觀點加以
討論：永恆主義、進步主義、要素主義、改造主義。

　　「永恆主義」之說出自美國教育學家阿德勒（Mortimer
Jerome Alder, 1902-2001），它不直接屬於哲學理論，卻是反映美
國清教徒傳統保守的「**教育的哲學**」思想，亦即**基於對教育關
注所作的哲理思考**。永恆主義追隨古代的「七藝」精神，相信
長期以來被人們認同的普遍真理和社會價值，才是值得永久保
存並在學校裏傳授的課程。永恆主義是典型以教師和學科為中
心的教育理念，他們認為學生興趣和課程設計無關，因為學生
心智不成熟，缺乏判斷能力，需要由學養深厚的教師善加開

導，而課程內容則以經得起歷史考驗、歷久彌新的西方古典名著爲主。永恆主義可視爲「課程做爲教師的教學科目」之理念根據，其理想教育乃是人文教育，且以智育而非德育爲手段，對學生嚴格要求，希望培育眞正「有教養的人」。

與「永恆主義」相對的則是「進步主義」，當永恆主義嚮往以不變應萬變，進步主義卻主張不斷求新求變，其代表人物正是杜威。杜威著有《民主主義與教育》一書，主張民主與教育齊頭並進，而學校可以被視爲小型民主社會，學生在校學習的重點並非古典教誨，而是當前民主生活的必備技能，這明顯傾向於視「課程做爲學生的學習經驗」之培養與累積。進步主義強調指引學生有效思考，而非教導學生思考特定的內容。對於進步主義者而言，課程是過程而非結論，是手段而非目的，因此傾向於多元發展而非集中於智育方面。雖然進步主義反對教師中心，轉而走向學生中心，卻也不贊成全然地「放羊吃草」。他們發現太過放任自由對兒童有害無益，乃轉向提倡讓學生學習適當的學科內容。倘若把永恆主義和進步主義融匯貫通、去蕪存菁，相信更有助於課程發展與設計。

倘若永恆主義和進步主義可以轉化爲微觀課程論之內的互補觀點，則要素主義和改造主義同樣有可能轉化爲宏觀課程論之內的有利觀點。「要素主義」與永恆主義類似，屬於保守性「教育的哲學」思想，它之所以受到重視，有一部分原因是由批判進步主義而來。美國教育學家巴格萊（William Chandler Bagley, 1874-1946）於1938年出版《一個要素主義者促進美國教育的綱領》一書，揭露了美國教育的重大流弊：小學生和中學生都落後於其他發達國家，大學生則缺乏文化水平。他把這些弊病歸咎於進步主義在教育上沒有目的、在課程上沒有系

統、在教學上不夠嚴格，以及在生活上沒有紀律等。要素主義主張動用政府的力量去撥亂反正、推陳出新，以實施「優質教學」來帶動文化水平的提升，這無疑可視為「課程做為官方的文化再製」之具體實踐。

至於與保守的要素主義相對的觀點，乃是面向社會革新的「改造主義」。改造主義原本與進步主義同調，但是當美國碰上經濟大恐慌之際，兒童本位的教育一時失去了重心，教育學家康茨（George Counts, 1889-1974）於1932年出版《學校敢於建立新的社會秩序嗎？》演講集，主張從進步主義再向前跨一步，將時代的社會經濟問題納入教育考量，使學校發展成為社會變遷的動因和社會改革的機構。這種從兒童本位的進步主義擴充為社會本位的改造主義，並非靠官方政策來推動，而是身處民間的教育工作者自覺發起。在背負社會改造責任的學校中，與社會活動相關的議題構成最理想的課程，而教師與學生都必須提出承諾和付諸行動。由於改造主義對焦於社會，使此一觀點充分彰顯出「課程做為民間的社會改造」的問題。

上述四種課程理論，可以對照反映前面的四項課程問題，但是我並無意將他們一一對應。理由是課程問題在許多國家都會出現，不同的文化系統可能有不同的因應之道，而此處所列舉的課程理論，則屬美國社會文化的獨特產物。我之所以引述這四種「教育的哲學」思想做為課程理論，是因為它不但出現於美國的課程論教科書之中，也同樣為兩岸中文課程論著作所引用，並視之為典型的課程理論觀點，彷彿已構成一門學科典範。但是華人社會的讀者必須明辨，我們其實也可以發展出自己的「教育的哲學」觀點，來評估與解決課程問題。課程理論屬於考察課程問題的觀點，類似的課程問題出現在不同的歷史

社會脈絡中，理當考量本土以及在地文化的要素；例如近年臺灣官方在文化再製過程中的「去中國化」措施影響深遠，值得關心課程發展的人加以關注。

9.3. 反　思

　　課程論與教學論做爲教育學的核心分支學科，是使得教育學跟其他學科得以明顯區分的標幟。這兩門分支學科可說是代表教育實踐的特色，具有高度的可操作性；像課程就至少有「想、做、看」三階段，亦即課程設計、課程實施、課程評量。而在這些操作面的背後，其實需要有些更基本的考量，我們不妨稱之爲「後設課程論」，也就是處理課程的方法或模式，它們大致可分爲兩大類四種模式：屬於技術類的管理模式和工程模式、屬於非技術類的知識模式及情意模式。由於現行教育體制多半西化，而西方學者也的確對課程論作出相當深入的系統研究，因此我嘗試先通過這些具有西方背景的後設立場進行對課程的反思，再從最後一種情意模式銜接上中國思想，以初步建構中國特色課程論，進而彰顯「華人教育學」。

　　「管理模式課程論」受到二十世紀初期「科學化管理」的啓發，重視外顯行爲和效率，以處理有關課程的手段與目的。這種模式比較機械性，對學校教學所需要的課程進行詳盡的規劃，就像工廠生產線的流程一樣，最好能夠編成手冊，照表操課。由於講究效果，便盡可能採行各種降低成本、增加產能的作法，例如讓課程符合具體可行目標、實施大班制等。而隨著早期「科學化管理」發展爲二戰後「制度性管理」，管理模式又

What Is Pedagogy?

把學校當做一個小社會來運作，校長成為課程發展的領導者，課程內容則反映出教育政策的落實，傾向於根據教育主管當局的政令來設計課程。但是由於美國不是中央集權而是地方分權的國家，做為學校領導者的校長和學區督學，其實有機會推動具有特色的組織變革，從而影響課程與教學。

西方管理學是由工業的科學管理逐漸發展為商業的企業管理，由「硬科學」向「軟科學」轉變，越來越考慮人的因素。把這些方法應用到課程處理方面，在管理模式內部同樣出現轉向，從著眼流程到看重制度，二者各有所專。管理模式經過半個世紀的發展，至一九六〇年代辯證地再度回到流程處理，只是此時已經把人的因素納入其中。「系統模式課程論」可稱為「課程工程學」，是把工程上的系統觀運用到管理之內，視學校、教師、學生及課程均屬於整個系統的一環，校長在此不只是領導者更是工程師，帶領整體團隊發展課程。系統模式和管理模式同樣具有明顯的技術性格，例如使用流程圖概括課程相關活動，使得參與其中的成員瞭解動態的來龍去脈。這兩種模式凸顯出教育學的科學面向，也就是一般常稱的「教育科學」。

「教育科學」反映出「科學的教育學」，與此相對的乃是「哲學的教育學」，落實在課程論便形成知識模式和情意模式兩種處理方法。「知識模式課程論」重視理論而非實踐，課程設計的主要目的不只是教導學生「知其然」，更要求「知其所以然」。這種追根究柢式的學習，突破了學科的壁壘，使學生的心智活動和認知內容有機會不斷擴充，從實用生活技藝到安身立命之所繫，幾乎無所不包。此外知識模式還相當重視反思與批判的能力，不但培養學生這方面的能力，更反身而誠，對課程發展加以推陳出新。知識模式課程論傾向非技術性，從而帶有

哲學思辨的特質。它不但像技術性的課程論努力在同一水平進行革新，更嘗試在垂直面有所突破，因此有可能出現多元典範並列的局面，像課程論自知識模式中生出情意模式便屬之。

知識模式課程論將課程化爲許多理論性的學科，讓學生對知識學習紮下深厚基礎。不過由於這種模式追隨西方哲學的理性傳統，對情意面的內容相對有所忽視，「情意模式課程論」即由此出發，去改善充實課程的內容。情意傳統受到進步主義教育哲學和人本主義心理學的激勵，強調兒童中心及以人爲本的課程規劃設計，並且把生活體驗、藝術創作、小組遊戲，甚至野外探索等，都納入課程活動中，無形中使得學生的身心和視野都有機會得到全面的發揮。與管理和系統模式正好相反，甚至也跟知識模式有所差別，重視個體情意面的情意模式課程論，不是由領導者、工程師或是知識分子來主導課程，而是由下往上，讓教師引領學生共同發展課程。課程在此並未忽略知識傳授，而是彰顯包括理性和情意在內的全方位知識，進而激發出教師與學生的智慧。

「華人教育學」秉持「華人應用哲學」取向和進路，主張「從人生看宇宙」的教育策略，因此適於採取非技術性課程論來發展課程。這屬於「後設課程論」的選擇，在兼容並蓄的考量下，可根據「中體外用論」方法學指引，善用技術性課程論的操作技術，但不應追隨其科學主義意識型態。簡單地說，西方課程論有**科學主義**和**人文主義**兩種取向，「華人教育學」認同人文主義取向，並將之轉化擴充爲「**後科學人文自然主義課程論**」。科學議題和科學方法在此並非照單全收，而是批判地吸納。科學教育因此必須納入「後科學」精神，亦即講授「**後設科學**」的內容，以及培養「**批判科學**」的態度。總之，課程論

在科學掛帥、技術當道的今天，非但不應隨波逐流依附於科技之下，反而應該超然其上，用人文精神導正科技，以自然胸懷觀照人生。

9.4. 討　論

　　在日常的教育實踐中，人們對教育目的與方針之類問題也許不太掛心，卻絕對不會忽略教育內容，亦即「課程」。英文 "curriculum" 的字源有「跑道」的意思，可引申為「*教導和學習的途徑*」。大家都當過學生，經驗告訴我們，上學是求知的過程，老師講授的課程則屬一系列知識。在英語國家中，首先使用「課程」一辭的是英國哲學家史賓塞。史賓塞所生活的十九世紀正是社會科學大力模仿自然科學應運而生的時代，他受到這股時代風潮的影響，對科學知識相當推崇，從而形成以科學知識為中心、採用科學方法設計課程的課程論典範，也就是前述的科學主義技術性課程論。整個二十世紀的教育幾乎都瀰漫於科學主義的氛圍中，直到八〇年代在後現代主義的引領下，才形塑出「後科學」的風貌。

　　後現代、後科學、後殖民論述在西方世界沛然莫之能禦，乃為華人社會帶來了思想解放的契機，提供了行動解放的助力，使得我們可以選擇走自己的路。回顧二十世紀中國各級學校的課程發展，主要受到西學東漸影響，正式的西化學校之設置，還要拜清末「洋務運動」之賜。而後每一次的課程改革，都與外國勢力脫不了關係，這其中包括西方各國和東洋的日本。學校課程設置及其內容，可說是教育制度的反映和教育思

想的體現。如今兩岸四地華人社會，已不約而同走在全球化與本土化的交會點上；如何在與國際接軌的前提下走出自己的道路，必須由華人教育工作者集思廣益，共謀大計。就課程論而言，把學校課程規劃納入人類知識範疇和歷史社會脈絡之中，進行內在與外在因素雙重考量，著實有其必要。以下就以臺灣現況為例加以討論。

　　前面曾提及，人類知識有二分與三分之別，歐陸傳統主張自然科學與人文科學二分，英美傳統流行自然科學、社會科學、人文學三分；臺灣長期追隨效法美國，因此採用三分法。近年正式實施的「國民中小學九年一貫課程」分為七大學習領域，除了做為思考及表達工具的「語文」、「數學」訓練，和以活動為主的「健康與體育」、「綜合活動」等四門領域外，其餘三者「自然與生活科技」、「社會」、「藝術與人文」正是知識天下三分的對照。有意思的是，這三大領域在小一、小二層級並未加以區分，而是以「生活」一門統括之。「生活」在半個世紀前稱為「常識」，並與「國語」、「算術」、「體育」、「聯課活動」等構成小學教育的內容，由此可見基本教育的內容長期以來並無太大改變。

　　追溯本源，中國當代基本教育的課程設置，其實與杜威淵源深厚。杜威於1919年來華訪問，在山西太原所召開的全國教育會聯合會第五屆年會上，發表一場「教育上的實驗態度」專題演講，促成中國逐漸走上兒童本位教育的道路。在接下來的三屆年會中，終於落實重大的學制改革：1922年政府頒布《學校系統改革案》，確立小學與中學教育實施「六三三」制，史稱「新學制」，一直施行至今。學制改革的落實立刻影響到課程改革，次年〈新學制課程標準綱要〉出爐，成為第一套以西方教

育學理論為依據的中小學課程標準，像其中所列初中課程表即分為「語文」、「算學」、「自然」、「社會」、「藝術」、「體育」等六科，此與現今九年一貫課程諸領域仍可遙相呼應。

　　國民中小學九年一貫課程的設計理念，如今已向上延伸至高中層級，包含高職及五專前三年的課程，官方已訂定「後期中等教育共同核心課程領域」，包括「語文」、「數學」、「自然」、「社會」、「藝術」、「生活」、「體育」等七大領域。尤其是普通高中，政府明示，因為其「**功能之一在為大學教育奠定基礎，課程設計除重視學生生涯發展外，並應注意銜接大學基礎教育課程。**」而當高中由分科教學統整為領域教學後，大學的基礎教育課程也隨之起了變化，改革的明顯作法之一便是大一大二不分系，而以學院為單位，對各領域有興趣的學生進行統整教學。大學屬於高等教育，其中學院設置反映知識領域，系所分工則代表分科教學。而從小學到大學的一系教育活動，正是以課程設計與發展，體現學生對於人類知識與文明的學習。

　　九〇年代課程改革的最大特色，即在於強調「課程統整」。美國教育學者班尼（James A. Beane）對此精簡定義為：「**課程統整是一種課程設計，乃是在不受制於學科界限的情況下，由教育者和年輕人合作認定重要的問題和議題，進而環繞著這些主題來形成課程組織，以增強人和社會統整的可能性。**」（林佩璇譯，載於上海華東師大版《課程統整》導論）他並指出課程統整包括經驗統整、社會統整、知識統整、課程設計統整等四部分。由於課程統整希望彰顯民主真義和後現代精神，無疑與過去保守的課程設計作法大異其趣，推動起來的阻力在所難免。但是只要大家「心中有主」，亦即胸懷中華文化主體性，堅

持「中體外用」的「華人教育學」路線，善用課程統整方法，即有可能在全球化的潮流中，同步實現本土化的理想。

再　思

1. 請舉例說明課程做為「教師的教學科目」與「學生的學習經驗」之相對性，並加以討論。

2. 請舉例說明課程做為「官方的文化再製」與「民間的社會改造」之相對性，並加以討論。

3. 美國的「永恆主義」教育哲學主要以閱讀古典作品來培養「有教養的人」，這對臺灣近年流行的民間「讀經運動」有何啓發？

4. 美國的「進步主義」教育哲學推行以兒童爲中心的教育實踐，此與啓蒙時期「自然主義」教育觀有何異同？

5. 請對「後科學人文自然主義課程論」加以闡述，並嘗試據此建構課程。

6. 課程統整是一種課程設計，最終希望增加人與社會統整的可能性，你認爲如何可能？

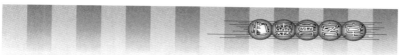

撈過界

　　我生長在一九五○年代的臺灣，求學過程和許多「四年級生」相去無幾。「四年級」是指「民國四○年代」出生的臺灣居民，我們唸的是「國校」而非「國小」、是「初中」而非「國中」。初中至高中時代大陸發生「文化大革命」，同年齡層的人大多去當「紅衛兵」，我則成為「牯嶺街少年」，流連於舊書攤以滿足我的買書欲和讀書癖。「牯嶺街」是臺北市一條以舊書著稱的街名，附近平行的馬路稱為「南昌路」。2005年初我去南昌開會，會後上盧山賞雪，住在一個叫做「牯嶺」的小鎮，才曉得這些都是江西省的地名。開卷有益，牯嶺街的舊書開啟了我中學時代的自學方案，大學以後則善用學校的圖書館。書讀慣了、讀多了，出來找工作也傾向與此有關：我的正式工作只有兩項：在雜誌社當編輯、在學校教書。

　　教書至今二十二年，開頭有幾年教高職和五專生，後來則在大學及研究所。我一向鼓勵學生培養多元興趣，最好在學習過程中不斷「撈過界」。現在仔細想想，這個「界限」其實正是由課程設計和分科教學所塑造的，它一方面帶來教學的方便，一方面卻限制了學習的興趣。像我就屬於興趣廣泛的人，很喜歡追根究柢；大學唸文科的哲學是為「追尋生活的意義」，選理科的生物學當輔系希望「探索生命的奧秘」，就業後在職進修讀商科的企業管理研究所則可視為「擴充生涯的發展」，學生身分一直到四十一歲才告

一段落。回想起來，除了學商是為了工作需要外，其餘都是基於內在的求知欲望而自發地撈過界；而即使是被動去學習的商科，也讓我感受到世界多為我開了一扇窗的喜悅。

我們這一代是成長於一個強調二分的世界裏，無論是資本主義與共產主義、臺灣和大陸，甚至文科和理科，都是壁壘分明、不得越雷池一步的；曾幾何時，大陸成為拚命邁向市場經濟的繁華社會，兩岸也已正式展開直航，至於大學的跨組考生更是不乏其人。這些現象都證明，沒有什麼界限是不能被超越的，關鍵在於人心；一旦我們受制於既有價值觀念，跳不出原來的窠臼，當然沒有辦法撈過界，也無緣享受海闊天空的美麗境界。不過人生在不斷追求撈過界的突破之餘，也必須以自知之明反身而誠，找到本身賴以立足的根本基礎。像我雖然涉足人類三大知識範疇，到頭來卻認清自己不適合做科學家，從而安於哲學思辨與詮釋。此外個人三十餘年來對西方文化的嚮往與追求，也逐漸朝本土轉向。這一切可說都是撈過界「嘗試錯誤」的結果。

10. 教學論

10.1. 問　題

　　教學論與課程論構成教育學的核心部分，是使得教育學與其他學科明顯區別的關鍵性內容。雖然課程論可以表現爲不同的課題，但是最爲大家所習知的還是「課程做爲教師的教學科目」，因爲它與一般人的經驗比較接近。至於教學論之中的「教學」二字，人們多半會看做是廣義上「教師教、學生學」的簡稱，兼及教導與學習兩方面；但是它也可以指向狹義的教導技能，而中國傳統所言「教學相長」則指教師邊教邊學。本書在此取其廣義，但是把重心偏向「教師教」的教導方面，其精神反映在捷克教育學家夸美紐斯（Johann Amos Comenius, 1592-1670）名著《大教學論》開宗明義的幾句話：「教學論是指教學的藝術。……『大教學論』就是一種把一切事物教給一切人們的全部藝術。」

　　教學論的基本議題可以分爲「四W－H」：教學內容（what）、教學方法（how）、教學過程（when）、教學組織（where）、教學人員（who）。其中教學人員即指教師，留待下章〈師資培育〉內討論，其餘四者大致得以歸爲兩組議題：涉及知識傳授的內容及方法、涉及時空脈絡的過程及組織。教學內容與課程息息相關，此外也分別落實爲四育或五育之中；教學方法需要考量學生學習效果，即與學習心理產生關聯；教學過程更深入地觸及認知與學習活動，教與學在此得以結合；教學組織則考察教學實際發生的場域，多指學校及教室。過去我們多談「模範學生」，如今則要求培育「有效教師」以從事「有效教

學」。平心而論，即使是以學生爲中心的教學，教師仍是主導的靈魂人物。以下我們便圍繞著「教師教學」的意象，來介紹有關教學的課題。

「教學內容」主要指教師傳授給學生的知識和技能，大部分情況下都可以發展爲教材，包括教科書、投影片、錄音帶、錄影帶、光碟、網路資訊等等，以形成多媒體教學。教學內容需要加以分類，方能有效傳遞給學生，一般即指課程與科目，但這乃是圍繞著智育而發。就教學內容而論，最基本的分類理當是「五育」或「四育」。臺灣流行講「五育並重」，指的是德、智、體、群、美等五育；大陸原本就傾向集體主義，因此不談群育而發展「四育」，或加上「勞育」構成另外的「五育」。放眼看目前臺灣中小學課程設置，領域教學似乎少了德育，至於群育則落在綜合活動領域中。有意思的是，近年各大學流行實施勞動教育，甚至納入通識教育之中，但是德育卻依舊隱而不顯，徒然高居五育之首。

教學內容若要有效落實於學生身心之上，就必須講究手段與方法。僅就德、智、體、美四育而言，「教學方法」就可能有極大出入。西方學者將教學方法歸納爲三大類：**傳授型**、**自主型**、**互動型**，它們又可以分爲幾個小項或特性。「傳授型」是最常見的教學方法，包括口述、呈現、示範等；「自主型」不是自學，而是由教師提出問題，學生主動找到答案，其特性爲問題仍來自教師；至於「互動型」則介於上述兩類方法之間，多表現爲課堂討論，教師不直接提供答案，而是透過對話激發學生去思考。這三類方法用於四育，德育最好通過身教示範或討論對話來教學，口述講授相對效果會差；體育、美育則以示範爲主，並讓學生實際操作；智育則看情況而定，例如大

班教學只好用口述法、研究生上課多爲討論，而個別指導課程
則可令其自主學習等。

至於「教學過程」乃是落實教學內容與教學方法的歷程，
倘若在過程上掛空，則任何豐富內容和可行方法均無法觸及學
生的心智，因此教學過程與學習心理的關係密不可分。教學過
程通常分爲四個階段進行：**激發興趣、認識對象、形成概念、
凝聚知識**，其中第一步最具關鍵性。過去人們看見學生成績不
佳，便貿然認爲其資質不足，事實上卻可能只是興趣不濃。現
在的孩子對圖像式材料的興趣要對文字材料來得高，像漫畫或
卡通最容易吸引兒童；一旦他們有心進一步探尋究竟，學習方
能有效推展。此外孩子也不容易坐得住，因此上課時多帶活
動，較可能抓住他們的注意力。總而言之，兒童的學習興趣一
旦被激發出來後，接下去的教學過程便有機會水到渠成。

教學過程倘若能夠集思廣益、眾志成城，或能有相乘的學
習效果出現，這也表示出「教學組織」的重要。教學組織的具
體單位是**班級**。以班級的形式從事教學，早在夸美紐斯的《大
教學論》一書中便已提及，但是直到兩百年後歐美國民教育普
及實施，班級授課的教學型態才算真正站穩腳步。班級教學組
織的授課方式有三種：**同步學習、分組學習、個別學習**，這些
均爲大家所常見。尤其是個別學習，近年有大幅增長的情形，
皆拜網路及其他多媒體教學之賜。不過即使是以資訊化媒體協
助教學，師生當面接觸與互動還是相當重要。教育畢竟屬於人
與人交流的活動，再好的隔空教學、遠距教學，仍不能取代師
生關係的直接建立。像德國人把教育視爲陶冶和教養的工夫，
不是沒有道理的。

10.2. 觀　點

　　與課程論類似，教學論也可以歸納出四種觀點或取向：哲學取向、行爲取向、認知取向、情意取向；其中認知取向爲目前的主流，情意取向則爲本書所提倡。一如「後設課程論」屬於哲學考察，「後設教學論」則受到心理學啓發。心理學對教學論的最大貢獻在於學習理論方面；教學論受到上游學問心理學的指引，學習心理學遂成爲教學論的基礎。對學習抱持不同主張，對教學的觀點便有所差異。哲學與心理學乃是赫爾巴特心目中教育學的兩大支柱，而心理學又源生於哲學。十九世紀下半葉心理學自哲學中獨立後，從內在的思辨反省逐漸轉向外在的行爲考察。教學論關注於教導與學習的行爲過程，受惠於心理學之處比起哲學來得多，因此教學論的四種觀點有三種與心理學息息相關。

　　不過在行爲社會科學尙未發達的時代，教學活動已經存在。傳統上哲學獨大，「哲學取向教學論」的出現乃是自然而然之事。西方哲學自蘇格拉底提出「知德合一」的理念，追求知識以培養道德的教學途徑大致形成。古希臘學園式教育開創的「七藝」分科教學形式，傳統綿延至今，造成全球的小學、中學、大學都有必修科目。教學科目之間的邏輯關係，是否能夠跟學生的學習心理相互呼應，有待哲學的釐清與批判。從哲學的批判角度看，教學論的重心在教導而非學習；一個人的確可以自我學習，但這並非典型的教育活動。典型的教育活動仍是課堂教學，也就是**一群學生使用分科的教材，在教師教導下**

學習知識。教學論主要著眼於教導，至於學習則歸於心理學的旨趣。

　　心理學原本屬於哲學的分支，自1879年獨立成為一門科學。一開始它很有意地擺脫哲學思辨的影響，而向物理學及生理學的科學實驗靠攏。實驗必須具有可觀察與可測量的現象做為對象，心理學逐逐漸揚棄內省的「意識」，而專注於外顯的「行為」，且於二十世紀初期發展出行為主義。受行為主義影響的「行為取向教學論」，認為教學的目的乃是提供刺激，以引起學生的特定反應，因此相當看重教學目標的具體與精確。心理學自此取代哲學而對教學論產生指引功能。由於教學活動是與課程設計配套實施，科學性的教學觀點不免會傾向於結合科學方面的課程發展，人文教育在這種情況下受到壓縮而逐漸邊緣化，並不會令人覺得意外。行為主義在美國心理學界居支配地位近半世紀，行為取向教學論也長期蔚為主流，直到心理學內部出現變化才跟著轉型。

　　心理學主要關注人心，而只看外顯行為並不足以一窺人心。事實上，以心理學最發達的美國而言，二十世紀至少先後出現四大學派：行為主義、精神分析、人本主義、認知科學。其中較晚出現的認知學派，試圖修正行為學派之不足。「認知取向教學論」主張教學是促進學習者內在心理結構的形成或改組，而非對外在行為習慣的加強或改變。他們主張發展學生智力做為教學的主要目的，這種看重智育的教學方向是當前的主流，資訊工具的普及更強化了此一趨勢。平心而論，如今教育普及的確要感謝科技文明成為最佳推手，像現在學生查資料可以上網，就比以前方便多了。但是正如本書一貫看法：善用科技不表示接受科學主義。科技工具同樣可用於智育以外的教學

上；也不必然要採用認知取向，情意取向同樣有助於教學。

與認知科學先後在一九六○年代出現的人本主義學派，既反對行為主義只看重外顯行為，也不贊成認知科學偏重智力訓練。人本學派認為學習涉及到整個人的發展，而非僅向學習者提供事實和知識。**教學的本質乃是促進學生成為完整的人，因此必須知、情、意三方面無所偏廢。**在認知取向智育掛帥的時代中，「情意取向教學論」提出「全人教育」的理念，的確具有振聾啓瞶的效果。而這種多元教學觀點，也確實在後現代教育實踐中產生了一定的影響。後現代的特色是肯定多元、尊重差異，情意教育要求學生通過「意識覺醒」，對周遭一切事物加以反思批判和重新評價。這對慣於使用既有心態與方式來思考的人而言，明顯屬於「另類」，不容易被接納包容。全人教育的目的正是希望突破此一困境，培養人們「有容乃大」的胸懷。

上述教學論觀點主要是在哲學和心理學的考察下形成的，但是哲學與心理學僅屬於教育學四門基本學科中的兩門，另外兩門則為史學與社會學。相對於哲學與心理學組成的教育學「內在論」考察，史學與社會學便構成「外在論」考察。外在論著眼於時空脈絡內的文化系統，像中華文化自古強調「尊師重道」，甚至將「天地君親師」相提並論，等量齊觀，老師的地位一度幾乎與天齊高。曾幾何時，受到西風東漸影響，教育活動的重心由人格養成轉向專門訓練，人們視教師主要在販售專門知識，學生則成為消費者。這種由「家長主義」變遷至「消費者主義」的過程，也同樣出現於醫療界。如今教學不當或醫療糾紛，都會見到家長或病家上門理論，甚至對簿公堂，教師和醫師的社會地位也就大不如前了。

10.3. 反　思

　　站在後現代的氛圍中反思，「消費者主義」其實並非一無是處，它讓我們設身處地去體察平等與權益的眞義。過去強調「尊師重道」，是基於「重道」而「尊師」，因爲老師乃是「道」的代言人。後來演變成老師高高在上，對學生形成宰制關係。師生關係雖然不若君臣及父子關係列入「五倫」，但是如今的「君臣」之倫已轉化爲「上下」關係，實可包含「師生」在內。傳統上「忠君」、「孝親」、「尊師」都屬於單向對待，即以下對上，未見由上而下的規範；如今講究人的「主體性」，即使彼此有從屬關係，在上位者仍應尊重下屬的權益與尊嚴。唯有當父母及老師尊重自己的子女和學生，才會讓年輕人從內心產生「孝敬」及「尊重」，而非表面上的「孝順」與「尊從」。

　　現代及後現代教師在講臺上不一定會「傳道」，但是「授業」和「解惑」的功能仍然具備。如何成爲受到學生尊重與歡迎的「良師」？美國教育學者葉隆（Stephen Yelon）著有《教學原理》一書，列出「優良教師」的四項共同特質：**關心學科內容、關心學生、熱愛教學工作、將有效教學原則付諸實踐**。他並指示十項「有效教學原則」爲：**意義性、先備條件、開放溝通、編選與組織精要的內容、教具、新奇、示範、積極而適切的練習、愉悅的情境與後果、一致性**。這些原則十分精簡，但是它只點出了朝向「良師」境界努力的基本要件，不能刻板地照表操課，而需要融匯貫通方能得心應手。總之，教學工作既屬於一項技能更反映一門藝術，其運用之妙皆存乎一心。且關鍵大

都在教師身上，要成為優良教師，就先得做一個「有效教師」。

為了找到成為「有效教師」的條件，美國教育學者鮑里奇（Gary Borich）通過經驗性研究，歸納出十種「促進有效教學教師的行為」，其中五種為關鍵行為，另五種則為輔助行為。他所列舉的關鍵行為包括：清晰授課、多樣化教學、任務導向、引導學生投入學習過程、確保學生成功率，至於輔助行為則包括：利用學生的思想和力量、組織、提問、探詢、教師情感。在這十種教師行為中，前九種都是可操作和評鑑的外顯行為，只有最後一種相對較為主觀，也就是難能可貴的「身教」。如果「言教」創造「經師」，那麼「身教」就可能出現「人師」。身教不只要以身作則，更需要設身處地，不吝將個人情感投入。教師情感的流露，不見得能被客觀評鑑，卻足以為學生清楚感同身受，這便是本書所倡導的「關懷」。

關懷之心所引發的正是情意教育，「華人教育學」採取「從人生看宇宙」的大方向，則情意教育就必須扮演主導的角色，引領著智識教育的發展。情意教育與智識教育有所不同，在於後者緊密關聯於人心的理性面，而前者則大幅訴諸感性面。像道德教育就必須做到在情感上認同道德推理所作的價值判斷，並有意去實踐它，否則一切只是紙上談兵而已。情意教育指向人類的感性生命，廣義上包括情意、情感、情操、情緒、熱情、感覺、心境等概念在內。它不易通過知性學習落實，必須採用與感性生命相契合的方式完成。在這方面，教育學者方志華提出一套以關懷倫理學為基礎的教學方法，可名之為「關懷教學法」。它原本設計用於道德教育，在「華人教育學」的脈絡內，理當擴充為彰顯「生命素質」的「全人教育」之動力。

　　「關懷教學法」分爲對教師的要求和對學生的要求兩部分：對教師要求「身教」與「對話」、對學生要求「練習」與「肯定」。取「身教」而非言詮的理由是關懷應屬創造而非告知，體現關懷的方式係開放地接納學生，而身教的時機則是在教學上不斷爲所授課程賦予情意內涵。這種身教反映出教師的情感流動，對學生可形成心靈上的召喚與信諾。由於跟傳統教學方式大異其趣，有待教師自覺地進行教學典範轉移。至於「對話」則要求教師放棄父性的權威語言，改採母性的關懷語言，在柔性對話中教導學生接納感情的功能。對話可以突破禁忌，無所不談，但必須先建立起師生倫理的正當性。其前提爲努力傾聽、尊重異見，雙方都把握住開放包容的原則，共同開啓以人生問題爲起點及核心的對話式教學。

　　在對學生的要求方面，首先是指引學生「練習」表達關懷之情。教師必須提供機會讓學生練習關懷的能力，並將關懷定位在可產生精神回報的心理滿足上。教師要能使得學生處於擁有滿足感和安全感的情況下持續練習關懷，令學生瞭解「進入關係」的陰性化課題之意義。由於學生長期處於陽性正義倫理薰陶下，一旦要求轉而實踐陰性的關懷倫理，不但男生不習慣，連女生都可能會猶豫。此時教師就需要開始要求學生對自我加以「肯定」。肯定的功能在於點出學生學習的最佳時機與動機，以逐步實現全人教育的理想。教師在此仍必須指出學生的對錯，以達成對關懷結果的評量。不過關懷教學法不像一般習見的教學法具有較爲客觀的評量標準，而是要經由師生雙方的協商以達成一致評斷。

10.4. 討　論

　　乍看起來，關懷教學法似乎過於主觀而失去公平性，但是教學活動原來就不能一概而論。何況「從人生看宇宙」的根本教育理念一旦確立，「中體外用」的方法學綱領便可以具體落實，而其關鍵性判準只有一個——「人」。以人爲本的「華人教育學」將所有知識視爲一道光譜連續統，一極偏向**事實認定**的「**物**」及「**概念**」，另一極則涉及**價值判斷**的「**人**」與「**生活**」；兩極之間的分寸拿捏，有待教師表現其「教學機智」。舉例來說，學生學習數學或自然方面的課程，理當有較爲客觀的標準評量，但是面對社會、人文及藝術課程，因爲具有「人」的因素在內，教學上的考量就應該盡量廣泛、多元。但無論是何種學問知識，教學過程中最好都把「教師情感」的有效行爲融入其中，以創造優質的學習環境。

　　「教學機智」一說爲後現代教育學家范梅南所強調，本書在第二章曾論及，他提倡一種「人文科學」意義下的教育學，著眼於「生活體驗」的研究，而與「華人教育學」看重人生的理想同調。范梅南著有《教學機智——教育智慧的意涵》一書，他在其中提出開創一門新型教育學的可能性。這是一種不同於知識教育學的「智慧教育學」，他大膽地建議教育工作者應與學生建立起「替代父母」的關係。這可說是中國古代「一日爲師，終身爲父」教誨的後現代版本，將師生關係納入父子關係來考量。大家也許會覺得范梅南的教育學理念過於主觀和理想化，但是瞭解他的出發點，便能體會他語重心長的理由。原來

他的著眼處是看見有越來越多的孩子生長在破碎或不幸福的家庭中，根本無法得到「家教」，只能退一步寄望來自「人師」的「身教」了。

　　以關懷爲己任的「華人教育學」也可以視爲後現代「智慧教育學」的本土實踐，我們同樣寄望教師爲人師表一如爲人父母。智慧教育學有意鼓勵教師發揮其個人的教學機智。范梅南認爲機智乃是與他人相處時，當下表現出來的智慧與才藝；機智與智慧相輔相成，外顯的機智可視爲內在的智慧之體現。他發現首先將「機智」概念引入教育議題中來討論的人正是赫爾巴特，可惜後來英語國家的教育學幾乎沒有在這方面作進一步的探討，而走向重視理性思維和技術取向的路徑上去。范梅南有意恢復機智在教育方面的功能，乃於一九八〇年代提出「教育機智」與「教學機智」等概念。這些概念具有相當豐富的後現代意涵，尤其是包含關懷之情；他清楚表示，教育機智主要體現在與學生們相處時的關懷取向上。

　　范梅南歸納出，以關懷爲核心的教學機智至少有六種表現：表現爲克制、表現爲對學生的體驗之理解、表現爲尊重學生的主體性、表現爲成功地感動學生、表現爲對情境的自信、表現爲臨場的天賦。而這些教學機智可以大力發揮的地方則有七處：保留學生成長和學習的空間、保護學生脆弱的心性、防止對學生的傷害、將破碎的事物恢復成爲整體、使好的品質得到鞏固和強化、加強學生的獨特性、促進學生的學習和個性成長。至於教學機智具體可行的與學生調和方式也有六項：通過言語來調和、通過沉默來調和、通過眼神以調和、通過動作以調和、通過氣氛以調和、經由榜樣來調和。綜上所述，可以明確看出「智慧教育學」所提倡的「教學機智」之策略面、目標

面和操作面，值得實際從事教學以及關心教育前景的朋友深思。

回到臺灣的教育現場來考察，九年一貫課程強調「課程統整、主題設計、協同教學、合作學習」的教學實踐，使得教師無需唱獨腳戲，學生也不必孤單學習。但是協同教學與合作學習跟傳統教學形式出入甚大，一但實施起來即可能眼高手低，有待進一步推敲。「協同教學」是指由兩名以上教師分工合作，共同規劃及執行大規模的教學活動。一般而言，協同教學的分工合作教師多來自不同專長甚至不同領域，例如社會學習領域內的歷史、地理、公民教師，或藝術與人文領域內的音樂、視覺藝術、表演藝術教師，甚至自然加上健康等跨領域的教師。問題是中小學課程統整後實施協同教學，教師卻來自大學各專門系所，完全不具「協同」的認知與體驗，一旦實施恐力有所不逮。改善之道必須從大學系所做起，要求師資生選副修或雙主修，如此或能打破門戶之見。

教師的協同教學若要成功，必須先進行心理建設，讓受不同專長訓練的教師能放下成見，養成跟不同行的人互通有無、協調合作的習慣，否則實施起來只能生硬地拼湊，僅有混合而無融合，也就失去「協同」的團隊協力意義了。同樣道理，學生的合作學習也要求團隊協力，而非貌合神離地混雜學習。「合作學習」是由教師依各種因素將學生分配成異質性的小組，經由激勵使學生彼此合作、共同學習，以提升個人績效並達成團體目標。合作學習必須先有民主素養和守法觀念，否則小組之中總會出現偷懶者甚至害群之馬，讓學習效果大打折扣。改善之道可以從教師的恩威並濟著手，賞罰分明，令成員無法渾水摸魚，進而融入團體，化阻力為助力。事實上，教學論需要

的正是這種「大處著眼，小處著手」的功夫。

再　思

1. 教學論的基本議題包括教學內容、教學方法、教學過程、教學組織和教學人員，請以自己做老師或學生的經驗描述之。
2. 班級授課的方式有三種：同步學習、分組學習、個別學習，請以自己的體驗說明其利弊。
3. 主流的「認知取向教學論」有否可能與另類的「情意取向教學論」攜手合作，以開啟「全人教育」的契機？
4. 學校是市場，教師為販售者，學生上門做顧客，你對這種消費者主義的教學模式有何意見？
5. 美國學者歸納出成為優良教師的十大原則，你認為「良師」可以依照原則循序漸進嗎？
6. 試闡述西方學者所提出的「教學機智」之意義，並評價其操作面在華人社會的可行性。

What Is Pedagogy?

有教無類

　　我的教師生涯是從碩士班畢業前夕展開的,當時正在趕論文,卻意外得到一個教洋人講華語的兼差機會。記得頭一回碰上個美國小伙子,我硬著頭皮用破英文教他ㄅㄆㄇㄈ,剛開始簡直是雞同鴨講,然後漸入佳境,一個月下來終於皆大歡喜。接下來的兩個月分別跟一名英國女孩及一個娶了臺灣護士太太的德國法律博士生,亦師亦友地融洽相處。就在他們的祝福聲中,我踏入行伍服兵役去了。令我意外的是,那個德國朋友一直跟我保持聯絡,大約延續長達十年之久。我至今仍懷念著他用中文寫信給我,告訴我在家帶孩子作家庭主夫的喜悅。這種一對一的華語教學,也許算不上是正式的教職,但卻是我初嘗為人師表的滋味,也是我第一次賺錢的經驗。領得生平第一個薪水袋,竟然迫不急待地到女生宿舍把女朋友喚出來,高高興興地請她到學校對面吃夜市。

　　唸完碩士班去當兵受的是預官訓練,半年下來結訓前還有機會考軍校教官,憑著我對領袖遺訓的精闢詮釋,打動主考的政戰官,得以在往後的行伍生涯中當了十五個月的文史教官。這是一份相當於高職教師的工作,我的學生則是來自各國中披紅掛彩從軍報國的士官生。他們書讀得很辛苦,出操打野外卻個個精力旺盛,跟我們這群老預官的心態完全相反。年輕孩子終不脫其可愛,我教的是國文課,再美的文章也引不起他們興趣,左思右想之下,乾脆

課本一扔，教起號稱「中華文化精髓」的姓名學來。這下子可轟動武林了，小毛頭紛紛找上我這教父改名開運，忙得不可開交。士官生畢業後得下部隊至少服役八年，妙的是有個死忠的學生始終跟我保持聯絡，直到他退伍後回家開水族館，還不忘請我去飲酒賞魚。

輪到我退伍時，品嚐了生平第一粒檳榔，對行伍生涯頗感依依不捨，至今仍覺得是一生中最浪漫的歲月。三週後迅速轉換身分成為臺北市東區的白領上班族，在風花雪月的電視臺鏡花水月般沉浮三年，還是決定回到學校繼續深造，這等於注定要走上當老師的道路。讀博士班時到五專兼課，教的是剛從國中清湯掛麵造型走出來的清純女娃娃，她們的活潑把我這三十開外的前中年人又帶回到青年時期，連講授的公民課都不再枯燥乏味了。有回見風和日麗，便當即向學校申請赴校外教學，目的地為社教機構臺北市立美術館。在裏面接受一番藝術洗禮薰陶後，小妞兒仍意猶未盡，要求到對面兒童育樂中心去遊園。那天我們做了一下午的快樂兒童，如今回想起來，又是一段寓教於樂的快樂學習故事……。

11. 師資培育

11.1. 問　題

「師資培育」係教育學中「反身而誠」的問題，卻一直為大家所忽略。「教育學」的英文為 "pedagogy"，其原意是「兒童教養」，引申至學生教育，卻不曾討論教師教育。「教師教育」的前身是兩岸華人社會所熟知的「師範教育」，但是師範教育於先進的歐美國家卻早已走入歷史。在推動教育改革的呼聲中，臺灣的師範教育已於 2002 年正式依法定名為「師資培育」，而大陸近年也有許多學者倡議正名為「教師教育」。無論是「師資培育」或「教師教育」，都屬於 "teacher education" 的譯名，顧名思義，所指的即是**針對教師的教育**，依階段可分為**職前教育、實習教育、在職教育**等。然而在臺灣，不管是過去的師範教育還是目前的師資培育，主要仍著眼於職前與實習兩個緊密相連的教育階段，其中應予討論的課題有四：**通識課程、專門課程、專業課程、實習課程**。

在師資培育新制度的規範下，師資培育也屬於學生教育的一環，只不過它乃是在大學中培育未來教師的師資生。受到教育改革風潮的影響，即使是師範校院也有逐漸走向綜合大學化的趨勢，師資生成為各大學中有志擔任教職而接受專業教育的學生。類似的情形還包括醫學生、護理生、法律生、會計生、建築生等等，關鍵在於這些受專業訓練的學生，將來必須考授證照方能執業。然而既然身為大學生，通識課程與專門課程的學習必不可免；尤有甚者，未來教師將以「作育英才」為業，其個人修養與素質理當較一般大學生來得豐富、紮實與有系統

才是。基於此點，本書建議師資培育大學應該針對師資生養成教育中二十八學分廣義的「通識課程」特別予以規劃，而非像現在作法任憑學生隨意選修八學分所謂的「營養課程」，因為師資的人格養成實繫於通識教育落實與否。

師資培育完全針對中學以下教師而設計，中學以上的專校及大學，通常只要研究所畢業即可任教，無需接受師資培育訓練。雖然中小學已改為依學習領域來教學，但是領域之中仍有專門學術的區別；教師不可能是全才，勢必得在大學系所內修習分科的「專門課程」。近年已有大學實施一二年級分院不分系的制度，但是大學畢業終究要歸屬於一個主修學系。對照來看，學系分工相應於早先中小學的授課科目，而學院建制則可視為現今學習領域的劃分；大學系所培育的中小學師資若要勝任領域教學，有必要在同一學院內再選一副修科系，以開闊自己的認知視野。副修等於過去的輔系，由相關學系規劃二十學分以上專門課程供外系學生選讀。此一設計對於有志成為中小學教師的師資尤其重要，它可說是在校期間即接受第二專長訓練，比起日後基於工作需要再回頭進修，來得省事方便許多。

通識課程與專門課程是所有大學生都要接觸的本科教育內容，至於專業課程及實習課程則屬於專業人員培訓的一環，則依個人興趣而涉足其間。以專業程度最高的醫學系為例，語文、電腦等屬通識課程，數學、物理、化學、生物等歸專門課程，生化、生理、病理、藥理等是專業基礎課程，內科、外科、兒科、婦科等則為專業臨床課程。而師資生一般是在「師資培育中心」裏接受專業教育，「專業課程」內容包括教育基礎課程、教育方法學課程、教材教法、教學實習等；其中「教學實習」屬於參觀訪問的見習活動，與下面要介紹的「教育實

習」不同。自2005年起，新制師資生需通過檢定考試方能取得教師資格，其考試科目立即反映在專業課程的教學上，不免造成「考試引導教學」的問題，有待師資培育大學慎重考量以尋求對策。

　　新制師資培育最棘手的問題，恐怕就是「教育實習課程」。過去學生修畢在校專業課程，便到各地中小學全時實習一整年，身分為實習教師，每月尚有津貼補助；如今校外實習屬於師資培育課程的一部分，身分變為實習生，不但無錢可領，還得繳交學分費。教育實習課程至少必須包括教學實習、導師實習、行政實習三方面，過去以一學年為單位，實習教師配合所任教學校作業，至各單位輪流實習，並有上臺試教的機會；如今以半年為期，一切從簡，實習恐流於形式。加上檢定考試每年僅四月舉辦一次，實習被編排在下學期者，只好待次年方得應試，如此徒然浪費時間，也明顯出現不公平的現象。至於下學期才開始實習的學生，更會為實習學校帶來工作不知如何銜接的困境。這一連串問題，都有待主管當局從長計議。

　　平心而論，新制師資培育是為改善既往長期壟斷的師範教育之良法美意，我們在精神上無疑要大力支持。但是當它走向**讓市場機能決定一切**的作法，卻衍生出許多問題，值得關心教育學的朋友集思廣益。眼前的現實乃是師資供需極度失調，外面的所謂「流浪教師」不斷增加，大學卻仍然源源不絕地培育師資，當然會造成落差。加上臺灣的出生率正在逐年遞減，未來將使得師資過剩的問題更形嚴重。面對這種宏觀層面的困境，師資培育大學可考慮以「開源節流」為因應之道。「開源」指向將教學資源移往碩士層級的教師在職進修教育，或能維繫一段相當長的盛景於不墜；「節流」指向將大學本科生的師資

培育精緻化，減收學生，強化教學，將通識、專門、專業、實習課程統一規劃，培訓少數精英師資生去參加資格檢定與教師甄選，讓錄取率攀高，以開創優良「品牌」。

11.2. 觀　點

　　本書屬於教育學入門讀物，可做為相關課程學習的參考用書，但不完全等於教科書。由於教育學兼有人文學與社會科學雙重性質，且具有高度實踐性，所以不可避免會涉及一定時空脈絡。我的理想是通過本書提倡建構以哲學人文性質為主的「華人教育學」論述，至少能夠讓兩岸四地的華人讀者得以反思西化教育知識以外的本土論述之可能性。然而兩岸四地在長期分治下，即使講「一國兩制」，也無法避免教育實踐各行其道的事實。本書無涉政治，但基於「文化即為一個民族的生活方式」之觀點，乃主張在文化層面認同「一個中國」，以此為「本土化」的判準。在此判準下，各地的教育實踐便呈現出「在地性」的意義。由於本書讀者主要設定在臺灣，而第三篇〈教育學做什麼〉又多涉教育實踐，所以像師資培育的討論，就以臺灣在地情況為本，其他各地讀者可酌予參考。

　　事實上，兩岸四地近年出版了為數極多的教育學相關中文著作，包括不少歐美和日本的譯作，書中大篇幅地呈現外國教育現場的景象。這些材料若做為比較教育學的相互參照資訊尚無不妥，但拿來當做華人世界的教育學基本讀物，甚至是師資培育的必備教材，就有待商榷了。教師工作既然在於栽培民族的幼苗，則民族文化就必須在師資培育中列入考量。我們真正

需要的乃是經過轉化的「華人教育學」，在此一基本立場下，教育實踐應根據「中體外用論」的指引，通過對外國觀點的反思，用以建立本土實踐的主體性。師資培育在這層意義中，可借用西學對四個方面的視角，有系統地考察在地師資培育的實踐。這四種視角或觀點分別爲：歷史觀點、行政觀點、管理觀點、課程觀點。

「歷史觀點」是指從歷史發展的視角，來看師資培育體制的演變。臺灣的「師資培育」概念其實範圍比較窄，它只包括「師資職前教育」和「教師資格檢定」兩部分，與過去師範教育的範圍沒有太大出入，卻不及西方及大陸所理解的「教師教育」概念。教師教育的特色，是納入了**終身學習理想下所提供教師在職進修機會的繼續教育**。師範教育的形成，原係針對國民教育而發。十八世紀國民教育在歐洲興起，德、法等國政府爲掌控教育乃設立師範學校，英國則由教會創設私校再發展爲公立學校。至於中國則是在洋槍大炮下淪爲次殖民地後，被迫廢除科舉制度，轉而設立師範學校，時間爲十九、二十世紀之交。臺灣在六〇年代以前還以師範學校培育小學教師，後來逐漸提升爲師範專科及師範學院，至於中學教師則來自師範大學。1994年師範系統的壟斷局面被打破，一般大學的師資培育體制開始與師範教育同步發展。

師資培育體制的正式實施，象徵著師範教育獨大的局面已告一段落。目前師範體制雖仍存在，但僅有極少數公費生得以保證分發任教，其餘師範生也跟一般大學生受到同樣待遇，即是分派實習與資格檢定。師資培育在此可通過宏觀的「行政觀點」和微觀的「管理觀點」分別加以考察；前者是指教育主管當局的行政措施，後者則指師資培育大學的管理機制。全球教

師教育大致可分為集權制、分權制、合作制三種類型，各以法國、美國、日本為代表。大陸和臺灣皆採用集權制，臺灣的作法是在中央主管機關設置「師資培育審議委員會」，包辦一切大小審議事項。中央主管機關並負責舉辦教師資格檢定考試，以及頒發各類科合格教師證書；大專以上教師亦統一由政府授證。換言之，由幼兒園至大學的師資培育，完全由中央政府控管，以維繫理想品質。

　　師資培育品質的維繫，不止靠政府把關，也要從大學的管理機制著手。目前臺灣各級學校師資的教育水平，普遍要求至少要達到學士學位以上，因此師資培育機構皆在大學層級。包括獨立學院和技術學院在內的大學屬於高等教育殿堂，大學校院組織管理所呈現的一大特色乃是「二元結構管理」，亦即行政管理必須與學術管理協商合作進行，這種情形同樣可見於醫療機構管理。從「管理觀點」看，二元化管理模式的形成，是因為專門及專業人才的獨立自主性相對較高，不見得全盤接受來自行政系統的管理。尤有甚者，在一些以學術研究為發展主軸的大學裏，行政部門被認為只有後勤支援的功能，真正當家作主的乃是德高望重的學者專家，亦即「教授治校」。臺灣各高等校院如今大多走在「教授治校」的途徑上，師資培育中心與一般系所平行，有些甚至相當於學院等級，大致依照相關規範進行管理，品質尚稱穩定。

　　最後從「課程觀點」來看師資培育。師資培育課程在前節中已做為本章的基本問題提出來討論，我們在此嘗試進一步深化，主要集中於專業課程方面。專業課程的設置來自專業化的需要，但是應該避免專業主義過度盛行。事實上，臺灣受到美國影響，已出現專業主義到處瀰漫的情況，像學校裏的輔導專

業化就是一例。輔導諮商工作在西方，長期以來皆屬於教士與
教師職能的一部分，二戰以後卻逐漸演成像醫師一樣收費看診
的專業人員，因而造成教師只負責專門課程的講授，於人格養
成漸行漸遠。好在有些教師身兼導師，還有機會涉足學生日常
生活。既然輔導課程已列入教師專業課程之中，我們建議讓每
個教師皆恢復輔導職能，甚至協助其取得輔導教師資格，以達
成「教、訓、輔一元化」的目標。

11.3. 反　思

　　臺灣的教育改革十餘年來取得了一定成果，使得整體教育
實踐的面貌變得相當多元，的確是個好現象。不過教改在執行
層面由於參與人員素質參差和眼高手低，以致形成「上有政
策，下有對策」的陽奉陰違局面，原本希望教育鬆綁的良法美
意，卻在執行偏差下對教師和學生綁得更緊。如今只見教師忙
於參加各種委員會，學生忙於各式各樣的考試，情況反而比從
前更繁瑣了。到底是什麼樣的原因造成如此大的脫節與斷層？
答案恐怕還在於師資培育。簡言之，**教師的素質決定了教改的
成敗**；由於教改路線與方式是由一群高高在上的學者專家所決
定，基層教師倘若沒有相應的素養，又如何能充分體現改革的
民主精神？因此擴充師資培育的內涵，深化教師教育的幅度，
可說是當務之急。

　　首先應把「**師資培育**」的定義放大，不該限定在資格檢定
以前的職前教育，還必須把在職進修的繼續教育列入，以符合
「**教師教育**」的實質意義。事實上，臺灣自 1999 年開始大力推展

「終身學習回流教育」，在各大學普遍設置學士及碩士層級在職進修專班；尤其是碩士專班的大量開設，使得每年多培養七千名以上的碩士人才。在這爲數眾多的專班研究生中，教育研究所也蒙受其利，讓許多中小學教師回流，有機會接受更上層樓的在職進修。只是這種回流教育並未能充分與師資培育銜接，以致各行其是，殊爲可惜。我認爲教育研究所碩士專班應積極納入教師教育的環節，以培育「研究型」師資。許多人都有個錯覺，認爲作研究是大專以上教師的事情。其實在教育改革推動下，「校本課程」和「社區營造」都需要具有作研究能力的教師參與其間。

臺灣的碩士專班普受歡迎其實有些現實因素，像中小學教師若是能於兩年內順利取得碩士學位，薪俸可立即提升四級，算得上是有利投資。但是我們還是要強調，教師進修高級學位仍應以習得研究能力爲主，至於實質利益只能視爲附加價值。當然在兩年內修完碩士學位，對有教職甚至是行政職在身的教師不免辛苦，尤其還要寫論文。像美國的「教育學碩士」學位，就無需撰寫論文，僅花一年即可取得。相形之下，臺灣的訓練較爲紮實，也有機會多培養一些研究人才。不過想讓中小學教師擁有作研究的能力，也不一定要去讀學位；即使可以拿學位，也不妨採用空中大學「零存整付」模式慢慢唸，如今連空大都已開設碩士班，更顯示出「終身學習」乃是可長可久的事情。

外國零存整付式的終身學習可以通過三種管道落實，值得我們效法：大學研習、校本研習、社區研習。其中「大學研習」是指利用週末假日或晚間至師資培育大學進修本科或碩士層級的學分，取得證明文件；而當累積起一定必選修學分後，再依

法授予學位。這種作法需要按時上課，對工作忙碌的教師仍嫌負擔沉重，替代方案則是將修習學分改爲取得學時。像現在中小學要求教師至校外參加各種研習活動，結束時領取研習條或加蓋戳記，在一學期內累計一定時數，也算是在職進修。這種方式彈性極大，任何社教機構舉辦的活動，只要得到地方教育主管機關認可，都可列入進修成果計算。各大學倘若能夠運用這種方便，妥善規劃相關課程進修或研習活動，同樣可以招收許多教師來報名參加。至於經費方面，教育主管機關也該編列預算多方補助。

教育改革的重要措施之一爲「賦權」，也就是將課程與教學的規劃設計下放給民間、給地方、給學校。過去由中央政府頒布〈課程標準〉，並規定中小學依部定本教材授課；如今僅公布〈課程綱要〉，由民間出版業者自編教科書送審，再經學校公開招標選用。尤有甚者，教科書更被政府定位爲參考書，授課教材則在校本課程的前提下，由各校教師自行組成委員會共同創作之。自創教材需要有研究能力的教師集思廣益，共同達成。教師即使不到校外去進修，也可以通過「校本研習」管道不斷充電。其實「校本」的意義尚不止於在校研習，更有以校爲本來推展教育實踐的意義，亦即在教師的共識及向心力下，凝聚出學校的主體性。至於屬於「後期中等教育」的高中、高職及五專前三年學生，由於心智已趨成熟，更應該歡迎他們參與各種「校本」活動。

除了「校本研習」外，中央政府爲推動社區整體營造，希望由地方政府出面，結合社區資源與力量共創願景，其中很重要的一道環節正是中小學教師。以社區資源做爲教師進修管道的「社區研習」活動，可以利用社區大學和地方政府所設立的

教師研習中心。臺灣的社區大學目前已推展得很有成效,形成
爲知識普及的成人教育網絡。今後更有可能在修訂〈學位授與
法〉之後,將社區大學與空中大學合流。如此一來,包括教師
在內的社區居民,便得以在社大修學分、在空大拿學位。上述
這些教師研習管道,在國外已行之有年,屬於教師教育的重要
部分;在臺灣其實也不乏類似資源,卻未能整編於師資培育整
體規劃當中。我們認爲,將師資培育擴充爲教師教育,納入教
師在職進修,應該成爲政府的重要教育政策方向。

11.4. 討　論

　　從教育學的立場看,「教師」二字所指涉的是一門專業,
而其所涵蓋的範圍從幼兒園到研究所教師都包括在內。但事實
上,無論是臺灣的「師資培育」或外國的「教師教育」,「教師」
通常指向在中學以下任教者,且必須經過一定的專業訓練,方
能取得任教資格,這種訓練正是師資培育。師資職前教育課程
包括普通課程、專門課程、教育專業課程、教育實習課程,其
中後兩者合稱「**教育學程**」;中學教師至少應修二十六學分教
育學程,小學教師更多至四十學分。有趣的是,依此看來小學
教師較中學教師更專業,而大專以上教師則根本稱不上專業,
因爲後者完全不曾修習任何教育學程,僅憑在專門領域取得碩
士以上學位即可任教。此處引發一個值得深思的問題:在大專
以上學校任教者究竟算不算「教師」?他們需不需要「師資培
育」?

　　大、中、小學教育體制皆來自西方,西洋教育史顯示,三

者各有其源頭和原因。簡單地說，大學源自十二世紀天主教會所創立的學術共同體，目的是爲培養教士和學者；中學源自十六世紀宗教改革後，新教徒爲教導成年人識字以閱讀《聖經》；小學則源自十八世紀民族國家興起，由政府所開辦的普及化國民教育。如今雖然三者連成一系，但因各有所本，師資來源與培育方式亦不盡相同。目前在臺灣的情況是，小學師資仍在嚴格控管之下，僅數所師範學院加十餘所大學負培育之責；中學師資則相對呈開放局面，三所師範大學外尚有近八十所大學共襄盛舉；至於大專校院原本只要有碩士學位便可任教，如今大多要求博士資格或在博士班進修。由此可見，中小學教師的「教育專業」能力較大學教師強，而大學教師的「專門知識」水平則較中小學教師高。

　　隨著終身學習時代的到臨，有越來越多的中小學教師步上在職進修的行列，以取得較高學位。像臺灣的都會區高中教師已有三分之一具碩士學位，甚至出現博士教師；至於九年一貫教育下的校本課程設計，更要求教師具備研究能力。凡此種種，皆顯示中小學教師的專門知識水平已有向上攀升之勢，高中教師更可能與大專教師不相上下。如此說來，大專教師是否也應該在教育專業能力上多所充實呢？尤其是目前爲數眾多的技術學院仍兼辦五專，而五專前三年即等於高職階段，這群被歸爲「後期中等教育」的學生，卻得不到受過教師專業訓練的教師照顧，而是由一群僅具專門知識的大學講師加以導引，不知是否會出現管教上的落差？況且大一大二學生雖稱成年，但其心智仍未定型，學者型教師是否足以因應啓蒙開導之責？都是有待考量的「全人教育」議題。

　　本書倡議關懷取向的「華人教育學」，希望各級學校教師都

能兼備「經師」與「人師」的教學能力，發揮「言教」與「身教」的雙重影響。在這種理念指引下，我主張將「師資培育」概念擴充至「教師教育」，以納入教師在職進修部分；並涵蓋大專以上學校教師，以充實其專業職能。既然中小學教師逐漸被要求有作研究的能力，則大學裏面的學者專家理當被要求具備教師專業。當然現今不能寄望大專教師回頭去修教育學程，但是當老師的人若完全不懂教育心理、教材教法等專業知識，多少也算是一種缺失。改善之道似乎可將教師專業職能納入升等考核中加以要求。畢竟大專教師的基本職責包括教學、研究、服務、輔導四項，其中除了「研究」涉及專門知識外，其餘皆與教師專業有關，未來師資培育的確可以在這方面多所著力。

讓大專以上教師補強其教師專業職能的構想之前提乃是「專業化」，專業化不應走向專業主義故步自封，但需要肩負社會責任移風易俗。教師是一門領有證書的專業，「專業」必須與「行業」有所區分；專業必然是一種行業，但並非所有行業皆屬專業。專業可說是行業的更上層樓，其所具備的條件至少有六點：一定期限的嚴格教育、教育內容的理論基礎、團體內部的同行認定、從事專業的權威地位、利他主義的服務動機、同儕之間的強烈認同。根據上述標準來看，醫師和律師的專業水平就顯得相當高，教師則參差不齊，以致有人視之為半專業或准專業。值得一提的是，醫師與律師的專門知識和專業能力緊密結合，因此可能獲得極高的專業評價；而教師在這方面則出現分歧，以致造成評價上的差距。

以一位中學數學教師為例說明，他的專門知識來自大學數學系，教育專業則歸於師資培育中心；前者提供豐富的知識內容，後者則讓他體認執業任教的適當形式，當然這些形式背後

也有一定理論基礎。由於數學領域擁有專門學會，而教師也要組成專業協會或教師會，因此嚴格說來，中小學教師的專業訓練是雙軌進行的，同時也是內容與形式兼顧的。但是到了大專以上層級，由於教師必須是學者專家，社會對其知識面專業的認定，似乎自然轉移到教學面專業的認定上。事實上，滿腹經綸卻無法勝任教職的學者專家並不在少數，師資培育倘若不曾在這方面用心著力，則不啻為教育學的一頁空白。總之，**使教師學者化**，以及**使學者教師化**，將是未來師資培育或教師教育的重大課題，無法迴避。

再　思

1. 臺灣的「師資培育」只限於師資職前教育，與西方的「教師教育」稍有出入，請對此加以評論。
2. 以你自己的經驗反思，大學通識教育課程對師資培育有何可能貢獻？
3. 新制師資培育正式實施後，勢必衝擊到師範教育，目前已有多所師範學院轉型為地區綜合大學或教育大學，其前景是否看好？如何看好？
4. 請概述有關師資培育的歷史觀點、行政觀點、管理觀點，以及課程觀點，並予以評論。
5. 大專教師幾乎都沒有受過師資培育專業訓練，依你之見，此種訓練對大專教師有無必要？
6. 請以教師為例，闡述專業化的基本條件，並對華人社會的師資培育提出願景。

What Is Pedagogy?

困而學之

　　説來慚愧，我當老師二十二年，擁有講師、副教授、教授三張專業證書，卻沒有受過任何一種教師專業訓練；尤其讓我忐忑不安的是，最近四年我卻成為師資培育教師，教導學生我不曾具備的專業。這分明是外行領導內行，但放眼望去卻又隨處可見；遠的不說，就看這幾年當上教育部長的學者，大多也沒有資格教中小學。不能教中小學卻能教中小學教師並不稀奇，這乃是「聞道有先後，術業有專攻」的結果。像我考不上醫學系和法律系，卻教過醫學生及法學生；眼前身分的尷尬，想想也就過去了。然而外行終究不是辦法，我所採取的改善之道便是困而學之；學生學什麼，我就讀些相同的書，至少有能力跟他們對話。四年下來，我雖然稱不上是教育專家，但絕對不會再對教育專業外行了，這大概也算是一種學習領域的「統整」吧！

　　從我個人經驗反思，當老師這一行肯定不是先天就會的。回想當年在軍校教書，處在嚴格的長官與部屬關係中，小小少尉肩頭上的一根扁擔，就壓得住全班二、三十名學生兵。後來唸博士班時到大學夜間部兼課當講師，情形便不同了。我三十出頭，學生也二十八九，一開始被稱作老師還有些不習慣。記得頭一回上大學講臺，我為了兩小時的授課，足足準備了兩個禮拜，結果材料不到二十分鐘就講完了。接下去只好變成「三板」教師，眼盯著天花

板、黑板和地板看，究竟在胡說些什麼，連我自己也不知道。經歷過這次慘痛教訓，日後我決定提早到教室，並利用下課時間和同學閒聊，逐漸拉近彼此的距離，進而建立起「亦師亦友」的關係。人際相處總是一回生二回熟，久之我教起書來也就得心應手了。

　　跟學生相處的經歷，讓我想起一篇有趣的文章，是知名散文作家亮軒寫的，標題我忘了，故事則跟教室的座椅有關。作者本身為大專教授，有天剛開學，他懷著期待的心情踏進教室，卻看見寥寥可數的學生呆坐在下面，而且選擇的座位正好呈現馬蹄形分布。教授見狀覺得不免疏離，乃心生一計，自前門出，逕自由後門行至教室後方，請同學倒轉座椅，然後開始上課，認為此舉或可拉近彼此的距離。結果呢？下回上課時他看見學生立於教室外恭迎大駕，待教授就定位後方才各自入座，且仍舊是馬蹄形分布。這說明了什麼？也許反映出師生關係原本便存在著一種疏離的刻板印象，需要由老師主動加以化解。而那些受過教師專業訓練的教師，或許對此早有自覺，並且事先有所安排。至於我呢？終不免困而學之罷！

12. 教育管理

12.1. 問　題

　　行至本書的最後一章，我準備將「教育管理」的概念介紹給各位讀者。過去「管理」二字常與「企業」連用，許多人一見乃聯想到「營利事業」上面去；教育既然不是商業行爲，因此也談不上管理，對組織活動只有「教育行政」而已。殊不知近年「非營利事業管理」大行其道，舉凡醫院、學校、基金會皆適用之；其以營利事業的經營管理模式，納入各類型非營利組織，較之政府行政模式更爲得體。一般所講的「行政三聯制」乃是「計畫—執行—考核」，其實可以擴充爲「管理五功能」來看，亦即「規劃—組織—任用—領導—控制」。上述功能屬於一系列活動歷程，是在不斷地修正運作中。「教育行政」的理念創始於十九世紀下半葉的美國，一開始是探討學校領導的問題。二十世紀初，受到工業「科學管理」的影響，逐漸把視野放大至整個教育體制及活動上。不過宏觀面牽涉到政府的教育政策，此處我們還是就微觀面的學校內部管理來討論。

　　「管理」最精簡的意義便是：「合理分配有限資源，使其產生最大效益。」這裏強調資源是有限的，而非取之不盡、用之不竭；否則可以隨意浪費，也就無需用心管理了。資源包括人、事、時、地、物，若要善用之，就必須妥善規劃。「規劃」是就組織的未來，提出一套比較完整的構想，以便後續的執行，通常是由決策者帶頭推動。規劃可分爲策略、目標、方案三層次，其中目標又分爲遠程、中程、近程三階段；遠程目標與策略相呼應，近程目標則落實爲執行方案。以學校管理爲

例，不管校長任期長短，理當集思廣益，提出十年左右的策略觀點，亦即看見學校十年後的可能發展；再以此為標竿，訂出三至四年為一期的經營目標；並以三年的近期目標擬出具體方案逐年執行，且保留修正空間。如此一來，不管校長三年或四年一任，學校的大方向也不致隨之動搖。

　　有了策略規劃，接下去就要提出相應的事業體結構。學校屬於非營利事業，此一機構由人、事、時、地、物統整「組織」而成；「組織」在這裏是當動詞用。事業體形成後需要靠人推動，接下去的「任用」、「領導」功能就是對於人的考量。組織起一個教育事業的目的乃是作育英才，為實現此一目的，它必須擁有一個經過設計的「組織」；此處當名詞用。組織的分工是以部門來體現，企業組織呈現出生產、行銷、財務、人力資源、研究發展等部門及功能，學校則可見到教務、學生事務、總務、輔導、人事、會計等行政部門；此外圖書館也很重要，而現今大學多設有研究發展處，以示對策略規劃的重視。由於學校屬於「二元結構管理」下的組織，除了行政部門外，還有教學或學術部門。像中小學的「班級經營」，其實是指教師的「教室管理」；職校及專上學校所設立的科系建制，則可視為依專門知識分工的學術部門。

　　「任用」即是指如何用人，屬於人力資源管理。學校用的人力是專業人才及專門人才；中小學教師需要通過正式的專業師資培育，大專以上則必須具備相關的專門高等學位。大陸實行社會主義，所有學校幾乎都由各級政府興辦，教師和職工皆屬公職人員。臺灣的國民教育多為公立，教職員亦有公務員身分；私校教師比照公立遴選，職員則類似一般組織進用。以教師任用為例，中小學師資培育乃是擁有各門專長的大學生或研

究生，修畢包括半年實習在內的教育學程，通過教師資格檢定以取得正式教師證書，再據此至各縣市參加由地方政府舉辦的教師聯合甄試。大專以上則是各校以登報或上網方式公開招聘為主，應徵者需通過科系所、學院及學校三級三審後始得受聘。總之，學校用人一本公平、公正、公開原則，唯才適用，避免徇私，方能充分造福學生。

　　教育管理中最需要圓融的藝術之功能當為「領導」。由於學校屬於「二元結構管理」體制，行政系統不見得能夠有效管理教學或學術系統，何況教師乃是專門或專業人員，自主性原本即較高，行政首長若想有效領導，勢必要通過協商與賦權來落實，而非貫徹命令。加上國民中小學本係提供義務教育的場所，在地性極高，需要與社區緊密結合。因此校長與教師會、家長會的互動協商是否得宜，多少決定了學校經營的成敗。至於大學因本於「教授治校」原則，行政系統中除了總務、人事、會計、圖書等主管外，其餘完全由教授兼任，而學術系統更無例外；全校皆為專家式管理，更需要大幅地授權與密切地協商。此外無論是政府的教育主管機關還是各級學校，其領導者都有必要讓部屬瞭解管理活動的主動積極意義，而非僅止於保守的行政措施。

　　管理活動的最後一項功能即是「控制」。控制並非隨意操縱，而是讓組織成員不踰矩，以順利達成組織目標。任何組織都由人所組成，人心渙散或一盤散沙，則組織不免分崩離析。為求有效運作，管理者勢必得拿出有效控制辦法。控制的模式可分為市場控制、科層控制及團隊控制；市場控制是依市場機制來調節資源分配，科層控制為照章行事、照表操課的行政措施，團隊控制則為製造組織文化以達到潛移默化的制約效果。

教育實踐具有**理想性**和**定向性**，不適合依市場機能控管。現有作法主要爲科層控制，即是教育行政及學校行政。未來希望能夠融入較多的主動性，由領導者集思廣益來塑造組織文化，在成員建立共識、產生認同的情況下，進行眾望所歸的內在管理，而非從外在形式上加以控制。

12.2. 觀　點

　　管理學一如教育學，屬於**中游性**處理實務的應用學科；教育學的上游有史學、哲學、心理學、社會學等基本學科，管理學則以經濟學、統計學、心理學爲根本，兼及法律學、政治學和社會學。中游學科雖然廣涉其他基本學科，但同樣擁有自家學問及理論。像教育學的核心部分爲課程論與教學論，理論典範分哲學取向及科學取向兩大類；管理學是以生產、行銷、財務、人力資源、研究發展等「五管」爲核心，「理論典範」則可歸納爲**古典學派、科學模式、人本模式、後現代思潮**等四類。教育是一門專業，且涉及組織經營管理，因此與其他行業或專業類似，可以把「五管」及「管理五功能」拿來套用，形成教育管理、傳播管理、醫務管理、旅遊管理等各種類型的管理知識。以下即站在教育管理的立場，來討論西方管理理論的四種觀點。

　　嚴格說來，管理學是二十世紀興起的學問，所謂「古典學派」，不過是指二十世紀初期幾種開風氣之先的理論，包括美國人泰勒（Frederick Winslow Taylor, 1856-1915）的「科學管理理論」、法國人費堯（Henri Fayol, 1841-1925）的「行政管理理

論」，以及德國人韋伯的「科層制理論」。這三種理論爲後來的管理學奠定了知識基礎，其共同特色即是**對理性與科學的推崇**。泰勒致力於對工作流程的分析，費堯發展出管理的基本原則，韋伯將組織制度全面科層化，他們所繼承的正是**運用理性、看重科學**的啓蒙精神。古典學派具有深厚的歷史背景，以至於現今仍爲世人所遵循，並未因過時而走入歷史，在教育管理領域也不例外。不過肇端的思想多少會有不夠周全之處，其後的理論典範可視爲與之並存的修正觀點。

「典範」是指一門學科內部的基本信念系統，自然科學學科常表現爲單一典範，一旦典範出現危機而動搖，就有可能產生該學科的「革命」。典範觀被引申至社會科學後，卻發現各學科均難以靠單一典範支撐，必須多元典範並舉；管理學者甚至因爲管理理論山頭林立，而形容爲一片「叢林」。有意思的是，典範觀形成於一九六○年代初期，教育管理學界便引用來推動以「管理科學」爲中心的「理論運動」，企圖建立「科學模式」典範的優勢地位。「管理科學」不同於「科學管理」；後者只是**微觀的執行面之流程管理**，前者則屬於**宏觀的決策面之系統管理**。諾貝爾經濟獎得主西蒙（Herbert Simon）對此一模式的建立貢獻甚大，他結合決策科學與系統科學而開創的新興管理模式，可用於大到政府、小至公司及學校的各式組織。

管理理論的古典學派和科學模式屬於看重管理技術面的**科學主義觀點**，而接下去要介紹的人本模式與後現代思潮則屬於強調人性面的**人文主義觀點**。「人本模式」可分爲「人群關係理論」和「人力資源管理理論」兩階段，前者起於一九二○年代，由美籍奧地利心理學家梅約（George Elton Mayo, 1880-1949）所領導的「霍桑研究」（the Hawthorne studies）發現了「霍桑效

應」，從而讓管理活動中的人性因素受到重視。「霍桑」是一間工廠的名稱，科學家原本希望在其中研究照明度和工作績效的關係，卻發現不管如何操弄光線明暗，工人的產能都在增加，後來才搞清楚，原來是科學家在現場所進行的整個研究活動激勵了工人。換言之，心理和社會因素於管理中非但不可忽略，反而相當重要。這也促成後來把行政體制下的「人事管理」轉化為納入人性考量的「人力資源管理」，以化解個人需求與組織目的之可能對立。

　　人本模式雖然改善了古典學派和科學模式有所不足之處，從而發現個人在管理理論及實務的中心地位，但是此處的「個人」仍屬一種普遍概念，亦即適用於組織內所有的個體。「後現代思潮」的管理典範則又向前邁進一步，看見了個體的個別性，並加以重視。「後現代主義」雖有「現代之後」的「歷時性」意義，但是它與「現代」其實又有「共時性」的特色；換言之，二者有可能是並存的。以管理實務為例，現代管理者秉持人本模式，大致會關注所有員工的福利；一旦他採用後現代觀點，便會發現「員工」還有階級、族群、性別的差異，需要進一步地加以關注。「一視同仁」不見得代表公平正義，反倒是「尊重差異」體現出真正的管理精神。後現代思潮目前已被引入教育管理之中，通過教育改革，讓更多教師與學生鬆綁。當然理想與現實仍有相當落差，但是打破既有窠臼的大方向依然值得肯定。

　　上述四種管理理論典範觀點，雖然都適用於教育管理活動，但是大家必須從它們的來龍去脈中，瞭解落實於教育的輕重緩急。一般而言，科學主義的管理模式較適用於技術性強的工業管理，像生產流程一一設計妥當，甚至可由機器人取代人

力去執行各種作業。但是進入商業管理，尤其是*服務業管理*，情況可能便大不相同，*人性因素*在此成為重要且不可或缺的條件。教育事業如今被歸入非營利事業，在性質上類似員工直接面對顧客的服務業管理。雖然把師生關係比喻成經營者與消費者的關係，可能會令許多人不以為然，但是這總比將二者視為工人生產貨品的過程來得有生氣、有人味些。事實上，教師傳授知識給學生正是一種服務，應以人文觀點為執行參考；而學校經營尚有許多軟硬體設施需要維持和處理，採用科學觀點無疑較有效率。身負決策重任的校長若能將不同觀點運用得宜，就算是傑出的管理者了。

12.3. 反　思

　　本書寫作至此已近尾聲，在討論教育管理的同時，希望放大視野，將教育學相關議題率皆納入，以做為全書的結論。前面曾提及，管理具有規劃、組織、任用、領導、控制五大功能，一般企業組織則設置生產、行銷、財務、人力資源、研究發展五大部門，管理功能與組織部門呈現出矩陣式交織關係。學校雖非企業體，但仍可參照上述組織架構進行各部門的功能管理。在臺灣由於各級學校均由教育主管機關統一列管。因此人事與會計部門主要在於配合政府規範落實行政作業，不太涉及管理創新的問題。學校真正可以有所作為以改善服務品質的所在，還是在於那些跟學生教養密切關聯的部門。倘若學生可以被視為消費者，則學校裏的教務、學生事務、總務、輔導、研究發展等部門的表現，多少可以化為消費者滿意度來衡量。

What Is Pedagogy?

在大家的經驗裏，學校「教務」部門至少有兩個單位的業務直接涉及學生前途，一是掌管學籍和考試的註冊組，另一則是掌管課程與成績的課務組。公私立學校的生源來自分發或統一招考，部分私校單獨作業，招生便成為學校教務方面另一樁大事。尤其是高中職以上學校，無論聯合或單獨招生，宣傳成為不可或缺的活動，也就等於在作行銷。企業體的行銷靠產品或服務品質，學校則靠就業情形及大眾口碑。目前臺灣教育市場呈現開放之勢，學校數量快速攀升，生源卻逐年減少。因為少子化的緣故，小學生入學年減三萬人，不久的將來必然衝擊至中學及大學。學校招生不足，導致資源浪費，終不免日益萎縮。如何在逆境中生存？管理學中的「**保持領先地位**」和「**形成差異化**」等道理，都是學校經營的策略性考量，有待決策者慎思、明辨、篤行。

「學生事務」部門過去稱為「訓導處」，因有教訓意味，不合民主潮流，且學生已逐漸成為學校重要資產，乃從善如流改採較為親和的新名稱。不過學校任何活動幾乎都涉及學生事務，真正處理學生管教問題的部門，其實不妨效法大陸，逕稱為「學生處」，如此一來既簡單又明瞭。學生事務部門主要關注學業以外的生活事務，但是學生生活的內容幾乎圍繞著學習而開展，因此生活指導仍由教師負責，即是靠導師制來落實。典型的導師存在於英國牛津、劍橋等古老大學之中，他們不是專門學者，卻是學生的心靈伙伴，堪稱實踐「身教」的「人師」而無愧。現今臺灣各級學校皆設有導師，擔任導師者或可以英國式的導師為理想、為標竿，引領學生開創人生的盛景。至於學生事務另外一項主要業務乃是課外活動，讓學生在社團中學習待人處事的能力，可視為學校教育非常重要的職能，不應以

任何理由加以縮水。

在學生心目中，「總務」部門似乎事不關己，除非是在搭交通車或全校大掃除時才會想到它。總務工作包辦了大部分庶務，是讓學校組織順利運作不可或缺的後勤支援力量。由於負責校園設施的建立與維護，它所運用的預算比起學生事務和教務都要高得多，而這也是管理工作最為具體落實的地方。通常總務部門掌握了學校的財務管理，至於整個經費的規劃與分配，則由會計部門編列預算。人事與會計主管是校長身邊相當重要的行政幕僚，而教務、學生事務、總務等部門主管則為校長直屬的高階管理者。中小學的教學活動由教務處主導，大專以上基於專門知識分工，而有科系所、學院等學術部門的設置。系所主任及學院院長可視為另外一群高階管理者，這正是「二元結構管理」體制的特色。

過去談學校管理多指「教、訓、總」三足鼎立，如今則有「教、學、輔」三合一的趨勢。早在訓導工作尚未改名以前，人們常說訓導人員經常扮黑臉，輔導人員則多半扮白臉；意思是說訓導工作依法行事，常按校規處罰學生，而學生受罰之後，需要透過輔導工作加以安撫。當然「輔導」部門並非只會被動行事，更多時候是在主動提供各種諮詢服務，尤其是有關生涯發展與就業輔導。依管理分工來看，就業輔導和招生宣傳一樣，也背負了行銷的責任；招生宣傳是向考生介紹學校的優點，就業輔導則是向雇主介紹畢業生的優點。中小學生因為尚要繼續升學，輔導工作常落在心理輔導方面。記得臺灣推動生命教育之初，剛好碰上中學生為情自殺事件，輔導人員乃十分看重自殺防治。國民中小學生命教育沒有正式課程，只好寄望輔導教師費心推廣、其他教師協力配合了。

　　說起「研究發展」，這在一個企業組織甚至政府國家層級，都是維持競爭力同時立於不敗之地的重要管理措施。研究發展的目的是培養「不求人」的能力，並且落實改革與創新。臺灣早年從事加工出口，締造了豐富的經濟成果，但始終是品牌追隨者，無法超越其他先進經濟體。直到後來匯聚人才，自行改革研發，才在資訊科技方面出人頭地，成爲世界上軟體工業的領導者。研究發展是非常耗費成本的投資，不見得能收立竿見影之效，卻又非做不可。當前學校之間同樣競爭激烈，沒有研發就無法創新，久之必定落後而遭淘汰。當教育主管當局都已擬定好「學校退場機制」之際，教育管理者更不能掉以輕心，以不變應萬變，而是要集思廣益，努力找出永續發展的「利基」（niche）所在才是。

12.4. 討　論

　　任何一個組織若想要找出自身「利基」所在，以維繫永續發展於不墜，就必須進行策略分析。「策略分析」又稱爲「SWOT分析」，可分爲內部分析與外部分析兩部分：「內外部分析」是指對組織內部的優勢（strength; S）、劣勢（weakness; W），以及對外部的機會（opportunity; O）、威脅（threat; T）等方面進行分析，目的則爲了知己知彼，從而展開策略規劃。策略規劃是領導者的責任，爲的是替員工繪製遠景，爲組織提供願景。策略可以十年爲期，下分三至四年幅度的遠程、中程、近程目標，每一階段的目標又有連續性的爲期一年具體執行方案。如此詳盡的構思，倘若缺乏仔細的策略分析，就不免會流

於空中樓閣，不著邊際。以下我們把管理學上的策略分析，用於「華人教育學」的知識建構，做為本書的結論，同時多元呈現出「教育學是什麼」。

　　教育是人類文明和民族文化得以綿延持續的重要因素，現今世界幾乎人人都得受教育，以培養最起碼的生存能力。在教育普及的今日，系統探究教育理論與實踐的教育學，為自身創造出較許多基本學科更受矚目的優勢。教育學同管理學、傳播學、資訊學等中游學科，因為擁有廣大的實用層面，屬於經世致用的學問，所以成為年輕人所追求的事業方向；換言之，它是一門「熱門」學科。做為熱門學科只是教育學的「外部機會」，倘若沒有「內部優勢」得以配合，則機會便可能流失。教育學的優勢來自它的「科際整合」屬性，以哲學和心理學為基礎，融匯人文學與社會科學兩大知識領域，適足以擷長補短、去蕪存菁，增益於本身的永續發展。上個世紀中教育學在心理學的助力下大幅開展，新世紀的教育學更有機會在應用哲學的激勵下進行本土化，建構足以讓下一代安身立命的「華人教育學」。

　　教育學的優勢來自它做為整合性中游學科的多元面貌，使之得以收放自如；而這也正暴露出它本身的缺點或「內部劣勢」，那便是學科定位含糊、基礎不甚穩固。中游學科的典型代表乃是醫學，醫學雖然以自然科學為基礎，卻發展出嚴密豐富的知識體系；相形之下，教育學的核心分支——課程論與教學論——則尚未完全站穩腳步。近年連管理學裏的「五管」都各自成立相關系所，象徵著整個管理學術領域已漸趨成熟。教育學或可以其為借鏡，反思找出本身的發展利基。目前已有些師範校院設立課程與教學方面的系所，但似乎未見整體規劃。其

實教育學和管理學最適合走學士後的回流教育路線,培育已有工作經驗的從業人員,使之更上層樓。而尋思以解決本土化和在地性的實務問題,更足以開創眞正本土的「華人教育學」。

前面提到,教育學的外部機會來自於它在市場上受歡迎的程度。由於教師生涯既穩定又可發揮理想,因此每年有許多年輕人選擇未來擔任教職,這也使得師資培育機構欣欣向榮。加上檢定考試的正式實施,更令補習班也開始搶搭這班車。機會無限,造成教育學發展的盛景;雖然少子化會造成生源減少、師資過剩,但是對岸的大陸市場似乎反映出教育界的新希望。近年幼兒教育、課後輔導和外語教學在臺灣發展快速,而大陸也有同樣的需求。大陸教育市場雖僅開放極小一塊,但未來前景看好。做爲教育實踐理論基礎的教育學術,可以趁著兩岸實務交流頻繁的機會,強化知識層面的對話與合作。本書在概括介紹既有教育學之餘,不斷倡議建構適用於本土的「華人教育學」。此一理想或許可能在兩岸密切交流下,於不久的將來得以實現。

出現機會便會產生競爭、形成威脅,教育學的「外部威脅」來自於**全球化的趨勢**。平心而論,全球化並非一無可取,它至少可以讓資源流通、天涯若比鄰;但是對於第三世界邊陲國家和地區而言,卻顯得弊多於利。不可諱言的,全球化的意義無疑正是**西化**;對非西方國家而言,西化意味著**文化移植**。從文化中國的視角看,文化移植多少具有外來威脅的性質。中國自鴉片戰爭以後一個半世紀的遭遇,始終沒有擺脫這種威脅,只是過去的洋槍大炮如今已改爲資訊與傳播工具。我們當然不主張鎖國,但要強調**民族文化的主體性**。在立足於中華文化主體性的基礎上,以「中體外用」的做法消融全球化的威脅,將西

方式的教育實踐放在「華人教育學」的架構中開展，才不致迷失了方向。

我必須承認，提倡深具民族文化主體性的「華人教育學」，的確有著情意方面的考量。我自忖這是一種「意識覺醒」，是追隨「社會主義、民族主義、女性主義」的前進路線，以破除世間「階級主義、種族主義、性別主義」三大偏見的類似作法。關心華人教育的人必須擁有靈明自覺，確認我們所面臨的「後現代狀況」；在其中，「肯定多元，尊重差異」才是適當的文化延續，而非「全盤西化，定於一尊」。本書對此的態度絕非價值中立，反而有意提出自己的主張，目的亦非讓讀者效法追隨，而是希望大家反思批判。教育學是什麼？教育學是對教育的系統化關注；教育發生在哪裏？教育隨時隨地發生在我們的四周、在我們所生活的時空脈絡中；我們是誰？我們都是華人世界的一分子。「華人教育學」的建構此其時矣！

再　思

1. 「管理」的定義為：「合理分配有限資源，使其產生最大效率。」請加以引申。

2. 規劃分為策略、目標、方案三層次，請據此說明自己的生涯規劃。

3. 控制為管理的重要功能，它可以是約束，也能夠通過激勵來落實，請以個人經驗闡述之。

4. 教育算不算得上是一種服務業？倘若教師是知識販售者，學生為顧客，「尊師重道」還有沒有意義？

5. 過去大學聯考錄取率太低，學校不怕招不到學生；如今大學到處林立，還需舉辦博覽會以招徠學生，請對此一現象加以評論。

6. 教育是熱門行業，並不保證教育學必然是一門嚴謹學問，請提出你自己對教育的策略分析。

閒雲野鶴

　　我小時候住在臺灣師範大學後面，不時到裏面玩耍，卻不敢想要當老師。因為我在學校看到的老師都是不苟言笑、道貌岸然的老夫子，除了一位漂亮的女老師是例外。初中時我搬到臺北師專附近，每天經過師專校園，被它那古樸的建築所吸引，竟然興起報考的意願。但是受到家人「小學考初中、初中考高中、高中考大學、大學考留學」的刻板觀念影響，我決定循「正軌」一路考上去，結果也差不多實現這一系生涯規劃；只是我的留學生涯半途而廢，回到臺灣來讀博士。當年讀完博士似乎僅有教書一途，而我也如願一畢業便謀得大學教職。大學是學術殿堂，教師除了有教學責任外，還不時要面對研究的壓力。由於唸博士就是作研究的訓練，我並不覺太吃力；但問題是需要有時間，因為大學教師一旦擔任行政工作，作起研究來即困難重重了。

　　有些人彷彿天賦異稟，教學、研究、服務樣樣通。我資質魯鈍，專做一件事勉強能應付，多些便手忙腳亂了；

偏偏一任教職就兼行政工作，至今十七年間有九年半屬於上班族。根據〈大學法〉的規定，大學裏絕大多數行政主管皆由教師兼任，而且是「學問大官大」，越高的職務非得教授級方能擔綱。但是我對此的理解是，德高望重的學者經驗閱歷都比較豐富，肩負較多重任並不為過。再說我從頭到尾始終保持一個基本認識，那便是我們的本業乃是教師，行政職不過是兼差；不像中小學的主任及校長需要考選，而且還是教育行政專職。兼行政職對我而言是在為大家服務，沒有這份包袱我就樂得「服一人之務」，做一個快樂的自了漢。我在個性上即嚮往閒雲野鶴的生活，說穿了其實是一個「懶」字；我懶得管人閒事，又如何談得上服務。

　　必須聲明的是，我的「懶」並非「偷懶」、「懶散」，而是「自然無為」。想想看當大學教師其實蠻適合我的，上課盡情揮灑，下課海闊天空，很少看見一種工作有那麼多時間可以讓自己運用自如。我善用時間的方式是拿來寫作，趁寫教科書之便，順便推銷一下自己的「無為」哲學，以及閒雲野鶴的生命情調。一種米養百樣人，當老師的人也有千百種，但大多數奮發進取，我卻提倡自然無為，豈不甘冒大不韙？其實我真正的意思，是希望每個人都有自知之明，反身而誠，瞭解自己到底是哪一種人，然後再順其自然發展，不要刻意造作。這不正是「因材施教」的引申嗎？老師除了把專門知識傳授給學生外，最重要的是給他一把打開自己心扉的鑰匙，讓他發現真正的自己。過去沒有老師給我鑰匙，我只好通過「自學方案」困而學之，眼前這本書便是我的學思所得，希望大家受用。

結　語

　　教育活動自古有之，但是我們目前在華人社會所經驗到的教育理念與實務，可說完全是效法西方的產物。中國教育長期受到科舉制度主導，至1894年甲午戰爭敗於日本後，促成了具有改良思想的「維新運動」，包括辦西式教育在內。當時建議西式教育應先設立師範學堂，以培育小學教師。1896年梁啓超撰〈論師範〉一文，首先提及教育學；1897年盛宣懷在上海辦南洋公學，先設師範院，並附設小學；1902年京師大學堂成立師範館，開始正式講授教育學。教育學在中國立足，一開始並非由西方引進，而是透過日文轉譯的。2002年大陸出版《中國教育學百年》一書，對教育學在中國發展的來龍去脈，有著系統化的詳細說明。「中國教育學」其實指的是西方教育學在中國的遭遇，本書則就教育學作一簡要介紹，並倡議建構一套眞正由華人創生、屬於華人的本土教育學。

　　本書分三篇以呈現「教育學是什麼」。第一篇〈教育學有什麼〉，概括介紹做爲教育學基礎知識的四門基本學科：史學、哲學、心理學、社會學，它們一半偏人文，一半歸科學，可見教育學的跨領域特質。正因爲這種特質，使其有機會轉化爲本土學問。西式教育在二十世紀逐漸走上專門化與專業化的道路，

對訓練人們的謀生能力大有助益，對卻相對地忽視了人格的養成，以致造成一個人知道「如何」生存，卻不瞭解「爲何」生活。「如何」與「爲何」的問題其實正是「安身立命」的兩方面，二者理當無所偏廢。因此本書提出發揚「關懷」精神的教育實踐方向，將西方主知的教育理念轉化爲華人主情意的人生理想，以中國人生哲學來導引「華人教育學」的開展。而教育學擁有的內涵，便來自由教育實踐所發現的生命意義與價值。

　　第二篇〈教育學爲什麼〉嘗試進一步追問上述教育學的內涵是否充分和恰當。一般人多認爲教育的目的是在訓練一技之長，這點大致不差，卻嫌有所不足。生活技能只滿足了個人存在的第一步，亦即「安身」；做些有意義的事情以彰顯存在主體性，才算眞正「立命」。教育學是探討教育實踐的學問，多少有些規範性。本書採用以「中國人文自然主義」爲主張的「後現代儒道家」思想來落實教育規範，其特色即是「後科學、非宗教、安生死」。爲確認此一教育方向，本書通過對教育學進行「華人應用哲學」取向的反思與批判來達成目的。應用哲學屬於後現代哲學，在形式上與傳統及現代哲學無異，在內容上卻具有顚覆的作用。本書嘗試由哲學的理則學、形上學、知識學、倫理學四部分去解答「教育學爲什麼」，答案都指向「培養後現代儒道家的人格特質」。

　　「後現代儒道家」具有「儒陽道陰、儒顯道隱、儒表道裏」的人格特質，在臺灣和大陸可分別經由「生命教育」與「素質教育」加以培養。這些教育課題只是一些大方向，要加以落實還是得在課程、教學、師資、管理等方面著力。本書於第三篇〈教育學做什麼〉當中，把在地的教育實踐放在西方教育學視野下相互參照考察，以找出理論與實踐各有何不足之處。結果發

現華人社會可以在教師教育上激勵教師的「意識覺醒」，使之肯定扣緊民族文化的教育使命，並且身體力行。整體來說，本書的寫作有所闡揚也有所創新；闡述的部分係針對西方教育學加以概括介紹，創新的部分則提出了建構「華人教育學」的方向。而無論是闡述還是創新，皆以「華人應用哲學」為本，因此本書可說是一部「哲學的教育學」著作。

後　記

　　我勉強稱得上是教育哲學學者，但絕不敢自視教育學者；要我寫一本有關教育學的入門書，就難免會寫得充滿哲學味兒，這是我必須向讀者致歉的。但是西方教育學原本即脫胎於哲學，我有意寫成一本「哲學的教育學」專書，似乎也非完全沒有道理。教育實踐一方面要注意教學技能，一方面也應關心教育目的；只是如今前者幾乎完全成為學習者矚目的焦點，後者似乎乏人問津。而教育學乃是探討教育實踐的系統知識，甚至具有規範實踐活動的功能。基於這層認識，我也有意通過本書，提倡建構本土化的「華人教育學」。這是我繼2004年由揚智出版的《教育哲學——華人應用哲學取向》之後，所寫的第二種有關教育議題的專書，共歷時五個月完成，就算是我對教育學的學習心得報告罷！

2005年7月7日

國家圖書館出版品預行編目資料

教育學是什麼 = What is pedagogy / 鈕則誠著. -- 初
版. -- 臺北市：威仕曼文化, 2005 [民94]
面； 公分. -- (人文社會科學叢書；1)

ISBN 986-81493-6-3（平裝）

1. 教育

520   94016875

教育學是什麼   人文社會科學叢書1

著　　者／鈕則誠
出 版 者／威仕曼文化事業股份有限公司
發 行 人／葉忠賢
總 編 輯／閻富萍
地　　址／台北市新生南路三段88號7樓之3
電　　話／(02)2366-0309
傳　　真／(02)2366-0310
E - m a i l／service@ycrc.com.tw
郵撥帳號／19735365
戶　　名／葉忠賢
印　　刷／大象彩色印刷製版股份有限公司
初版一刷／2005年10月
定　　價／新台幣300元
I S B N／986-81493-6-3